KiWi
PAPERBACK
968

Über das Buch:
»Entschuldigung, haben wir uns nicht irgendwo schon mal gesehen?« Ob er den Frauen mit kleinen Geschenken oder mit geballter sexueller Energie entgegentrat – Rodriguez Faszanatas war immer ein Mann mit Verve und Eleganz. Dieses ist die schonungslose Lebensbeichte eines Mannes, der seine Untaten immer mit chirurgischer Präzision beging und sich in infamer Weise als Objekt der Begierde inszenierte.
Ausgelöst durch sein Faible für schnelle Sportwagen verwirrte er die Damenwelt, brachte betuchte Witwen um ihr gesamtes Erbe, und auch junge Dinger waren vor ihm nicht sicher. Bigamie war für ihn zu wenig, er war ein professioneller Septogamist (die Woche hat sieben Tage). Schuldgefühle kannte er nicht. Sein sagenhaftes Einfühlungsvermögen in die innere Welt seiner Opfer machte ihn zu einer herausragenden Koryphäe in der Welt der L'amour non troppo. Bestechende Zeugnisse seiner Liebeskunst sind die zahlreichen Dankschreiben früherer Opfer, die bis heute seine Geheimbriefkästen überall in der Welt füllen. Rodriguez Faszanatas lebt heute glücklich verheiratet weit entfernt von den Fängen der Justiz in São Paulo und genießt seinen Lebensabend. Aus Geldnot hat er sich entschlossen, sein Leben aufzuschreiben.

Rodriguez Faszanatas,
geboren 1937 in Barcelona. Gelernter Beruf: Bademeister.

Helge Schneider bei Kiepenheuer & Witsch:
»Guten Tach. Auf Wiedersehen. Mein Leben, Teil I« KiWi 279, 1992. Unter weiblichem Pseudonym »Eiersalat. Eine Frau geht seinen Weg«, KiWi 534, 1999. »Aprikose, Banane, Erdbeer«, KiWi 818, 2004. Die Kriminalromane von Helge Schneider erschienen 2004 als Viererband unter dem Titel »Arschfahl klebte der Mond am Fenster … Die Kommissar Schneider Romane 1–4«, KiWi 848. Zuletzt erschien: »Globus Dei. Vom Nordpol bis Patagonien. Ein Expeditionsroman«, KiWi 865, 2005.

Helge Schneider

Die Memoiren des Rodriguez Faszanatas

Bekenntnisse eines Heiratsschwindlers

Kiepenheuer & Witsch

Mit vierzehn Kohlezeichnungen des
Rodriguez Faszanatas

2. Auflage 2006

Umschlaggestaltung: Barbara Thoben, Köln, unter Verwendung eines Fotos von Helge Schneider
Gesetzt aus der Guardi PostScript, InDesign
Satz: Pinkuin Satz und Datentechnik, Berlin
Druck und Bindearbeiten: Clausen & Bosse, Leck
ISBN-10: 3-462-03728-5
ISBN-13: 978-3-462-03728-9

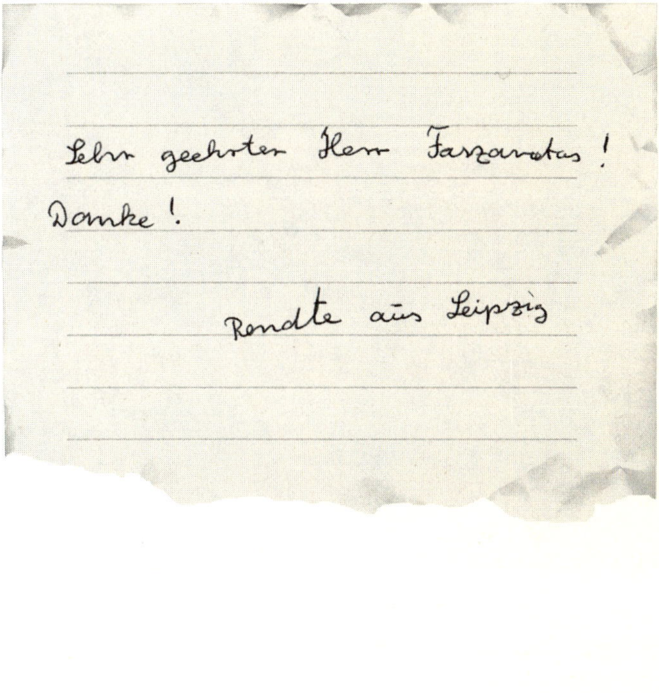

Sehr geehrter Herr Faszarotas!

Danke!

Renate aus Leipzig

I

Hier beginnt mein Bericht, meine »Lebensbeichte«, wenn man so will.
Als Kind wurde ich einmal an einen Baum gefesselt, nur damit die andern mich mit Papierflugzeugen bewerfen konnten, weil ich angeblich nicht so normal war wie die selber. Ich hatte mir nämlich, weil mein größtes Vorbild der Samurai aus einem japanischen Kung-Fu-Film war, die Haare lang wachsen lassen, gegen den Willen meiner Mutter, und mir eine Art Hochfrisur gesteckt, damit ich ihm möglichst ähnlich sah, die Jungens verabscheuten mich. Für die war ich ein Gringo, ein verdammter Fremder.
Ich wuchs im Norden Barcelonas auf, da, wo die langen Häusersilhouetten zehnstöckiger Wohnbunker direkt neben der Zehnspurigen in den Himmel wachsen. Meine Mutter erzog mich, da mein Vater durch Abwesenheit glänzte, allein, manchmal half ihr allerdings Oma Eusebia, mich zu schlagen. Da ich dachte, daß das normal wäre, schlug ich dann später auch alle, die mir irgendwie querkamen, egal, ob Mitschüler oder sogar Lehrerinnen. Ich bekam schon mit sieben Jahren eine »Haftstrafe«, ich mußte drei Tage bei Wasser und Brot im Keller der Schule, angekettet an die Wasseruhr, verbringen, weil ich eine Mitschülerin mit dem Gesicht in ihr Pausenbrot gedrückt hatte, bis ihr die Nase gebrochen war. Ich entschuldigte mich aber nachher dafür, Jahre später. Als Kind macht man eben manchmal Dummheiten. Irgendwie hatte ich,

für meine damaligen Begriffe, ein starkes Gefühl für Elizabeth empfunden, deshalb wurde ich auch so wütend, als sie mir die Zunge herausstreckte. Mein erstes mir in Erinnerung gebliebenes Erlebnis in Sachen »Liebe«.

Die Schule war für mich der blanke Horror. Da ich Linkshänder war, band man mir den linken Arm auf den Rücken, damit ich lernte, mit rechts zu schreiben. Man bedenke dabei, daß die damalige Zeit mit der von heute beim besten Willen nicht zu vergleichen war, zumindest in Spanien. Wir lebten immerhin in einer Diktatur. General Franco beherrschte mit Akkuratesse und eiserner Hand das faschistische Spanien. Todesstrafe, Folter und gemeine politische Verfolgungen bestimmten jene Tage. Nichtsdestotrotz empfand ich meine Kindheit als mindestens schön, wenn nicht gar phantastisch, denn wir hatten in unmittelbarer Nähe ja das wunderbare Mittelmeer, damals noch nicht derart von Touristen heimgesucht wie heute. Am Meer zu spielen war für uns Jungens das Beste. Tauchen war meine Lieblingsbeschäftigung. Ich konnte ohne Schnorchel fast drei Minuten unter Wasser bleiben und dem bunten Treiben unter Wasser zusehen, Seeigel, Anemonen, Karpfen, Korallen, all das wuchs vor unserer Haustür. Natürlich mußte man erst mal ein paar Kilometer über staubige Straßen durch die sengende Mittagshitze, bevor man das Meer sehen konnte. Nach der Schule war für mich immer klar, jetzt sofort zum Meer. Meine Mutter war nicht besonders erbaut davon, weil sie meinte, ich würde die Schule vernachlässigen, aber sie konnte nachher nichts mehr dagegen machen. Ich hatte sie in der Hand, hatte sie einmal mit Onkel Ricardo erwischt, und sie hatte Angst, daß ich Tante Rosacea davon erzählen würde. Die hätte Onkel Ricardo umgehend aus dem Weg geschafft oder schaffen lassen. Sie hatte Kontakte zur Guardia civil.

 Auf Ehebruch stand in Spanien eine hohe Strafe.

Heimatbild

Also hatte ich nach neun Jahren Schule nicht wie die anderen Schüler und Schülerinnen einen Abschluß in der Hand, ich hatte gar nichts, ich hätte mir die ganze Schulzeit sparen können. Ich war bis zur siebten Klasse gekommen und hatte dann zweimal wiederholt.
Mit elf verdiente ich mir mein erstes Geld als Verkäufer selbstgedrehter Zigaretten. Ich besorgte mir Zigarettenpapier, durchforstete die gesamte Kneipenperipherie Barcelonas und klaubte aus den vollen Aschenbechern Zigarettenkippen, um dann den unverbrannten Tabak da rauszuporkeln, und drehte mit dem Zeug, das ich noch mit geriebenen und getrockneten Kartoffelschalen versetzte, Zigaretten. Ich konnte es mit nur einer Hand, in der Tasche. Auf diese Weise wurde ich zu Hause nicht mehr als Nichtsnutz und Tagedieb tituliert, sondern man fand allmählich Gefallen an meiner Geschäftstüchtigkeit, weil ich nämlich mittlerweile die ganze Familie ernährte. Dazu gehörten noch sechs kleinere Geschwister, weiß der Himmel, wer deren Erzeuger waren.
Man sagt mir nach, daß ich mexikanisches Blut in meinen Adern fließen habe. Mein Vater stammt aus Mexiko, Kakteengroßhandel. Verdingte sich bei der amerikanischen Marine und fand rein zufällig ein längst gesunkenes Schiffswrack mit einer Ladung Gold, danach verschwand er. Wahrheit oder Fälschung?

II

Die Luft zerrte an den Nerven. Heißer Dunst schwallte aus den U-Bahn-Schächten der Metro. Touristenschwärme auf der Rambla, der viel von ausländischen Spaziergängern und einheimischen Beaus frequentierten Fußgängerzone, mitten zwischen den stark befahrenen Straßen der Innenstadt Barcelonas. Eine Schülergruppe versperrte den Weg. Sie begafften ein Gitarrengeschäft und diskutierten, wer sich reintraut. Ich war solche Szenen gewohnt. Als Spanier kennt man so was. Mein Termin beim Friseur hatte sich verzögert, und ich mußte eine halbe Stunde warten. Ich kam gerade aus Chinatown, wo ich ein paar Stunden bei einer chinesischen Masseurin auf dem Tisch gelegen hatte, wegen der Bandscheibe. Ich hatte sie bei einem meiner letzten Liebesabenteuer stark lädiert, weil die Dame ein Schwergewicht war.

Ach, erstaunt Sie plötzlich dieser etwas harte Übergang von meiner Zeit als kindlicher Kleinkrimineller zur Jetztzeit, zu meiner Karriere als Gigolo? Was soll ich sagen, die Jahre waren verflogen, und ich hatte die gleichen Dinge durchzustehen wie jeder andere etwas aus der Art geschlagene Junge. Die Pubertät bescherte mir eine Unzahl von Pickeln und etliche Erfahrungen mit Alkohol und anderen Drogen, ich rauchte wie ein Verrückter, wurde mindestens zehnmal wegen Schwarzfahren in der Metro erwischt und durfte zuletzt ein paar Wochen im Knast verbringen, wo man mir beibrachte, mich per Morse-Alphabet mit sämt-

lichen Insassen über die Wasserleitungen zu unterhalten. Ein Umstand, der mir später einmal sehr nützlich sein sollte.
Jetzt war ich dran, der Kunde verließ die kargen Räume meines Friseurs. Ich sah es von weitem und wollte herübergehen. Da roch ich einen mir bis dato unbekannten Parfüm-Geruch. Betörender geht es nicht. Eine Mischung aus Limette und schwerem, die Sexualinstinkte anregendem Parfüm, wie es manchmal Frauen auftragen, die schon lange nicht mehr ihrer einstigen Lieblingsbeschäftigung nachgegangen sind, weil ihr Mann das Zeitliche gesegnet hat. Sollte ich hier fündig werden? Ich suchte nämlich seit ein paar Tagen einen Ersatz, da eine langjährige »Kundin«, so will ich sie hier mal nennen, plötzlich verstorben war. Ich hatte sie leider nicht so weit gebracht, daß sie mir Vollmacht für all ihre Geschäfte unterbreitet hatte, ein hartnäckiger Fall, der sich immer wieder neu definierte. Die Dame war fest davon überzeugt gewesen, daß ich sie lieben würde, und es standen bereits viermal Termine zur Heirat fest, jedoch mußte wohl einer ihrer nahen Verwandten jedesmal dermaßen Ärger gemacht haben, daß es schon nicht mehr schön war. Selbst ich empfand Mitleid mit dieser Frau, deren eigener Wille doch immer wieder aufs neue gebrochen war, denn sie wollte mich ja heiraten, ich hatte ihr das Gefühl von Wärme und Schutz gegeben, was so eine Frau dringend benötigt. Das Schicksal hatte ihr stark zugesetzt, sie hatte eine schlimme Kindheit hinter sich mit Bergen von Geld, aber ohne Liebe, ihr Vater war Schiffsreeder, die Mutter Mannequin, und die Eltern hatten sich nicht um ihr Kind kümmern können, das erledigten haufenweise Angestellte. Daher hatte ich bei ihr so leichtes Spiel. Trotzdem war mein Einsatz zum Schluß leider nicht belohnt worden. Und jetzt dieser Duft, war ich auf der richtigen Fährte? War es nicht wieder dieser

Rodriguez Faszanatas vor seiner Lieblingsbodega

Millionärsduft? Zwar der Garant für sehr viel Arbeit, aber auch für ungemein viel Geld? Sollte ich das Glück haben, das ich jetzt brauchte, um meinen Lebensstil weiterführen zu können? Es ist eine Illusion zu glauben, daß man sich diesen Lebensstandard selber verdienen kann, mit ehrlicher Arbeit. Völliger Quatsch. Nehmen wir an, ich wäre Chef einer großen Dachdeckerfirma, was bleibt unterm Strich übrig? Könnte ich mir davon ein Rennpferd leisten? Einen eigenen Golfplatz? Eine Hochseeyacht? Natürlich nicht. Mir gehörten solche Dinge nicht, aber das war auch gut so, denn ich hatte nicht die geringste Lust, mein Rennpferd auch noch zu pflegen oder den Golfplatz oder die Yacht versichern zu lassen.

Jetzt blieb sie stehen und schaute in das Schmuckgeschäft hinein, wo es die Rolex-Uhren gibt. Auch ich hatte manch trübe Stunde vor diesem Schaufenster gestanden. Damals, als es noch nicht so um mich stand. Finanziell, meine ich. Die Dame war zirka ein Meter und sechzig groß, nicht so groß also. Ihre Haare waren unecht, das sah ich mit meinem geschulten Auge sofort. Das sollte aber nicht heißen, daß es jedermann auffiel. Nein, im Gegenteil, die meisten Leute sehen so was gar nicht. Sie ging in den Laden hinein. Ich sah durch das fast vollständig mit wertvollen Uhren ausgestattete Fenster, wie sofort ein Verkäufer um sie herumwirbelte. Wie lieblos. Sie denken, daß sie diese Art von Frauen sofort erleichtern müssen. Wieviel schöner ist es jedoch, sich ein jahrelanges Spiel daraus zu machen, für alle Beteiligten doch ein faires Unterfangen.

Als der Verkäufer sich umwandte, um etwas aus dem hinteren Raum zu holen, war meine Stunde gekommen. Ich betrat den Laden, nicht ohne die Tür noch einmal leicht zu- und wieder aufzustoßen, denn die Dame hatte die Tür angelehnt gelassen, so konnte der Türgong nicht funktionieren. Der Gong machte auf mich, den vermeintlichen neuen Kunden, aufmerksam. Ich wurde prompt von einem zweiten Verkäufer bedient. Ohne Umschweife fragte ich ihn nach dem teuersten Modell von Glashütte, das mit dem ewigen Kalender in Gold, was zur Folge hatte, daß mich der Verkäufer mit großen Augen anstarrte und die Dame mit angestrengtem Lächeln zu mir rübersah. Ich erwiderte ihren Blick mit gesenkten Augenlidern. Dann befaßte ich mich aufmerksam mit dem Katalog, den mir der Verkäufer auf den Glastisch legte. Die Uhr, nach der ich verlangt hatte, war selbstverständlich nicht im Verkaufsraum, nein, sie hatten dieses Modell leider gar nicht im Hause, aber in wenigen Tagen könne ich mich zum stolzen Besitzer dieses wertvollen Zeitmessers zählen, und überhaupt, ich hätte einen wundervollen Geschmack, weil mir diese, ja, gerade diese Uhr ins Gesicht gesprungen wäre, und das hätte etwas zu bedeuten, ich wäre ein Glückspilz, und der Geschäftsinhaber bräuchte nur meinen Ausweis, dann könnten wir das Geschäft auch bargeldlos machen usw.

Ich wollte das so aber nicht, da ich, wie ich behauptete, lieber in bar zahlen wolle, und das macht man am besten »Ware gegen Geld«. Ich müsse die Uhr schon sehen. Ob sie die Uhr bestellen könnten. Sie tuschelten, der Inhaber und sein Verkäufer, dann eröffneten sie mir, daß das Werk diese Uhr nur gegen bargeldlosen Verkehr aushändigte, nach Einsicht der Konten, und das wäre natürlich immer so. Ich befand, daß man mir wohl nicht traute, man müßte doch Verständnis haben, daß ich nicht immer meinen Ausweis zeigen wolle, das würde gegen meinen Stolz und meine Ehre gehen. Die Dame wohnte meinem Treiben gebannt bei. Nach einer Weile verließ ich ohne zu zögern das Schmuckgeschäft und erwähnte im Gehen noch, daß ich diese Behandlung unmöglich fände, man müsse mich doch kennen, und überhaupt wären meine Papiere auf der Yacht im Hafen Ciudad de Barcelona, ich würde doch meine wertvollen Papiere nicht mit in das Chinesenviertel nehmen, wo ich soeben bummeln war. Draußen wartete ich genau drei Minuten.

»Fanta oder Lift?« Sie zuckte mit den Achseln. »Fanta!« Ich bestellte ihr das Getränk, mir selbst orderte ich einen »Cuba libre«, das ist Cola mit braunem Rum. In der Mittagshitze knallt das schön. Ich werde davon freier in der Rede.

»Darf ich fragen, was Sie von Beruf sind?«

Die Dame hatte es faustdick hinter den Ohren. Sie ahnte vielleicht etwas. Beinahe wäre mir das Wort »Heiratsschwindler« rausgerutscht. Ich stellte mich mit der Berufsbezeichnung »Industrieller« vor, damit konnte sie dann nicht viel anfangen.

»Eine richtige Dame braucht nicht zu wissen, was ein Mann von Beruf ist oder wie seine Tätigkeit aussieht, sie will nur herausfinden, wieviel er verdient.«

Ja, sie nickte schmunzelnd, so wäre es nun mal. Auch sie hätte sich nie dafür interessiert, was ihr verstorbener Mann in Wirklichkeit getan hätte, irgendwas mit Schreibwaren. Großhandel oder so.

Ich lächelte mein Gewinnerlächeln und legte verwegen meinen Arm um ihre Taille, als sie ihre Fanta an die verhärmten Lippen setzte. »Huch«, entfuhr es diesen Lippen, aber eigentlich hatte sie nichts dagegen. Sie wurde nur rot, als ich sie mit spitzen, angefeuchteten Lippen auf ihren sonnengegerbten Hinterhals küßte. Der Gestank, der aus ihrer Frisur quoll, war schlicht und einfach erbärmlich. Wie kann man sich nur so verschandeln.

»Dieser Geruch macht mich fast blind, gnädige Frau, darf ich erfahren, um was für ein Parfüm es sich handelt? Es gefällt mir!«

Ich verbarg gekonnt meinen Ekel. Der Kellner reichte mir die Rechnung. Ich hatte es eilig, hier rauszukommen, denn ich wollte unbedingt mit dieser Frau noch durch den Park flanieren, ihr dann vollends den Kopf verdrehen, denn ich hatte später am Nachmittag noch ein Date mit Katja, der Rechtsanwaltsgehilfin aus der Schweiz, bei der lief alles korrekt, sie hatte bereits einen Vorschlag gemacht zur standesamtlichen Heirat, in ihrer Heimatstadt Genf. Sie roch dermaßen nach Geld, daß sich natürlich nicht nur ich, sondern auch etliche andere ernst zu nehmende Anwärter auf die Haube – so nennt man das, wenn ein Mann heiratet, er kommt »unter die Haube« – um das Finale kümmerten. Doch ich hatte es als einziger geschafft, sie zu einem Vorvertrag über die Regelung des finanziellen Umfeldes zu überreden. Schon im vorab gewährte sie mir absolute Konteneinsicht, mitsamt Vollmacht, um zwei ihrer Konten zu plündern, wenigstens etwas. Ich hatte mir von ihrem Geld, ohne daß sie murrte, einen zweisitzigen knatschgelben Lamborghini gekauft, ladenneu. Spitze dreihundert. Ein tolles Auto, wofür ich extra eine Garage gemietet hatte, damit sie mir in der beschissenen Gegend, in der ich wohnte, unter meinem richtigen Namen, versteht sich, nicht den Lack mit Schlüsseln abkratzten.

Im Stadtpark begann ich sofort, an ihr rumzufingern. Obwohl sie anscheinend schon lange nicht mehr Verkehr gehabt hatte, zierte sie sich. Aber das ist ein Trick. Meine langjährige Erfahrung sagt mir, daß gerade diese Frauen im Bett fast durchdrehen. Aber da wollte ich sie eigentlich gar nicht hinbugsieren, denn mir lag es fern, mir auf diese Weise zu schnell ihren Mißmut zuzuziehen. Meist ist es ja so, wenn man sofort mit einer Frau ins Bett geht, sind die doch enttäuscht, daß man nicht mehr getan hat, um solch eine Situation heraufzubeschwören. Ich hatte vor, diese Frau ein paar Tage warten zu lassen, ihr zunächst mal den Hof zu machen, ihr mit der Gitarre was vorzuspielen. Wenn man nicht dabei singt, haben die das meist gerne. Das Singen aber blockiert etwas in ihnen, so als wollten sie mit einem Sänger lieber nichts zu tun haben, der wäre sicherlich anderweitig noch sehr begehrt.

»Gestern kaufte ich mir einen schönen Hut, schade, daß ich ihn gerade heute nicht trage, hätte ich gewußt, daß ich auf Sie treffe, Herr … ach, wie heißen Sie eigentlich?«

Die Frau war direkt. Meinen Namen hatte ich ihr noch nicht gesagt.

»Faszanatas, Rodriguez Faszanatas, so, wie man's spricht, wird es auch geschrieben!« (Ich nahm aus einer Laune heraus heute mal meinen richtigen Namen.)

»Ich bin Roswitha Serrano!«

»Genau wie der Schinken?« warf ich ein.

»Wenn man so will, mein Name hat auch Ähnlichkeit mit einer großartigen Sängerin, Rosita Serrano, kennen Sie die?«

»Aber natürlich, welch ein Zufall, ich habe sämtliche Aufnahmen, auch die unveröffentlichten und die vergriffenen, von dieser bemerkenswerten Sängerin!«

»Oh, wie entzückend, wann darf ich mir Ihre schöne Plattensammlung denn einmal anschauen, Herr Faszanatas, bitte schön?«

Ich weiß nicht, ob sie bemerkte, wie ich blaß wurde. Ich hatte natürlich keine einzige Schallplatte von dieser … wie hieß die noch?

»Morgen, oder warten Sie, besser nächste Woche Freitag, so nachmittags, ich bin ein paar Tage auswärts, Sie verstehen, Geldangelegenheiten, es geht um einiges!«

Ich sah mich schon durch alle Plattenläden geistern, um die seltensten und unmöglichst zu bekommenden Platten dieser mir unbekannten Sängerin zu besorgen.

Der gelbe Sportwagen

»Abgemacht! Ich werde kommen! Bitte, schreiben Sie mir Ihre Adresse hier auf.«
Sie kramte ein goldenes Etui mit einem Büchlein hervor. Und einen Füllfederhalter. Sehr mondän, aber etwas zu auffällig, dachte ich noch. Ich sah sie mit zusammengekniffenen Augen vorsichtig an, sie bemerkte es nicht, weil sie an ihrer Handtasche rumzuppelte. Sollte mein Instinkt mich warnen wollen, handelte es sich bei dieser Person um eine verdeckte Ermittlerin? Ich werde es nicht mehr herausbekommen, denn so schnell es ging, drehte ich mich auf dem Absatz um und türmte.
Ich sah noch im Wegrennen, wie sie in der Handtasche wühlte und dann etwas, ich weiß es nicht genau, aber es könnte eine Waffe gewesen sein, herausholte und auf mich zielte. Nein, das kann nicht sein, ich hatte mich wohl getäuscht. Aber sicher ist sicher. Hier wird deutlich, wie man als Heiratsschwindler auf der Hut sein muß, besonders, wenn man mehrgleisig fährt. Ich hatte acht Eisen im Feuer, zwei davon waren sicherlich mehrere Millionen schwer.

III

Zu Hause machte ich mir einen starken Kaffee. Die Wohnung roch dermaßen nach Grillwurst, daß sich mir der Hals zusammenzog. Ich bekam Durst. Die Nachbarn grillten im Sommer fast jeden Tag auf dem kleinen Balkon unter meiner Wohnung. Ich weiß gar nicht, wie die es fertigbringen, mit dem bißchen Arbeitslosengeld, was sie vom Staat bekommen, so viele Grillwürste zusammenzukaufen. Vielleicht ging die älteste Tochter anschaffen, oder gar die Mutter.

Da fällt mir ein, als ich in den Staaten wohnte – ich bin mal nach Los Angeles gereist, nur so, mal schauen, wie die da arbeiten –, ist im benachbarten Bungalow etwas wirklich Sonderbares passiert. Der Besitzer dieses Hauses war Musiker, er spielte Orgel in einer Combo, die kubanische Musik machte, in Hotels und so. Seine Frau war Tänzerin in einem Nachtclub, der Mann spielte also voller Inbrunst auf seiner Orgel in voller Lautstärke, seine Frau tanzte dabei wie in Rage hinter einer Phönix-Palme, auf dem Fensterbrett befand sich ein Blumentopf mit einer Fuchsie. Durch die Vibrationen der Orgel und des Tanzes verrutschte die Fuchsie, und draußen kam ein Postbote. Er wollte gerade die Post in den Schlitz stecken, da fiel ihm die Fuchsie aus dem dritten Stockwerk so unglücklich auf den Kopf, daß er sofort tot war.
Wenig später traf zufällig der Anstreicher ein, der am sel-

bigen Tag die Rolläden fertigpinseln wollte, und fand den Toten. Die wilde Orgelmusik schreckte ihn derart ab, daß er den Toten zunächst nicht anfassen wollte. Bis er herausfand, daß der Mann tot war, verging eine Viertelstunde, dabei die Orgelmusik und wilde Schreie. Die da oben hatten es ja nicht bemerkt. Was nun? Der Anstreicher zog den Leichnam zum Swimmingpool und warf ihn ins Wasser. Dann verschwand er. Monate später, nach erfolgter Obduktion, bei der herausgefunden wurde, daß der Mann ertrunken war, das muß man sich mal vorstellen, und der Tote längst begraben war, vertraute der Anstreicher alles seinem Psychiater an. Dieser war an die Schweigepflicht gebunden, und so kam es nie heraus.

Ich erfuhr davon durch eine Frau, die bei diesem Psychiater putzte, eine Polin, auf die ich beinahe selber reingefallen war, denn auch ein Heiratsschwindler ist manchmal verliebt. Natürlich war der Fall für mich nur als Erzählung interessant, und sie verriet mir nicht, um wen es sich gehandelt hatte. Was soll's auch. Übrigens ganz geschickt, wie diese Frau mich über den Leisten ziehen wollte, sie gab sich derart unbescholten und gutmütig, präsentierte sich auch als reiche Witwe, log sich eine unglaubliche Biographie zurecht, daß selbst ich nachher tief beeindruckt von ihr war. Noch heute sind wir gute Freunde, wenn auch eine gewisse Vorsicht beidseitig spürbar ist. Sie dachte, ich wäre wirklich Hals, Nas- und Ohrenarzt auf Bildungsreise in den USA, wollte mich verführen und anschließend heiraten. Ich bemerkte es zum Glück früh genug. Nicht auszudenken, wenn das ein Finale geworden wäre, beide hätten nichts davon gehabt. So können wir heute darüber lachen. Aber ich möchte nicht wissen, wie viele Frauen wirklich eigentlich Heiratsschwindlerinnen sind, und die Männer denken ihr Leben lang, alles wäre in Ordnung.

IV

Nur eine Dose Bratheringe, mehr hatte ich nicht im Kühlschrank. Ich machte mir eine Flasche Bier auf und aß die Heringe abwechselnd mit ein paar Schlucken Bier. Im Unterhemd saß ich bei der Bullenhitze im Wohnzimmer und schaute mit müden Augen Fernsehen. Die Nachrichten waren nicht besonders ergiebig. Immer dasselbe, Nahost, dann Tennis, und zum Schluß ein Nachruf auf irgend jemanden, den man aus dem Fernsehen kannte, dann das Wetter. Morgen wieder heiß. Die zweite Flasche Bier schmeckte besser. Man muß sich manchmal erst an den Geschmack gewöhnen. Es wurde Abend, und ich mußte mich gleich fertigmachen für Katja aus der Schweiz. Ich stank nach Schweiß. Kein Wunder, bei dem Pensum, die hastige Flucht vor der Frau mit der Perücke aus dem Uhrenladen war anstrengend gewesen bei fast vierzig Grad im Schatten.

Manchmal spielte ich mit dem Gedanken, aus Barcelona ganz wegzugehen. Aber hier konnte ich unerkannt mein Unwesen treiben. Außerdem liebte ich meine Heimatstadt, weil ich hier geboren war. Eine Haßliebe vielleicht, ich kannte Leute, die hierhergekommen waren und alles lieber täten als hier alt werden. Ich war da anderer Ansicht, meine Stadt veränderte sich zwar andauernd, aber gerade das gefiel mir. Ich hatte auch Gefallen daran, wenn was nicht so gut gelöst wurde, zum Beispiel der Autoverkehr. Das Verkehrschaos fand ich hervorragend. Vielleicht, weil ich oft im dichten Verkehr meine Fährte verwischen konnte. Das ist für einen Heiratsschwindler lebenswichtig.

Sollte ich mir die Fingernägel schneiden? Besser, denn ich hatte dunkle Ränder unter den Nägeln, und Katja war ein wenig zimperlich, was solche Sachen angeht. Eigentlich eine sehr schöne Frau, bis auf ihre Art. Ihre Art war, auf spanisch gesagt, total beschissen. Sie war dermaßen affektiert, daß ich mich manchmal fragte, ob ich den Beruf wechseln sollte. Mit ihr machte nichts Spaß. Sie zog sich unmöglich an, benutzte das schlimmste Parfüm, das es auf dem Markt gab, und sprach so gekünstelt, daß man überall mit ihr auffallen mußte. Nicht jedermanns Geschmack. Aber das ist es ja, was uns Heiratsschwindler auf den Plan ruft. Eine Frau, die Geld hat und die keine Aussicht hat, von einem normalen, fürsorglich seine Familie ernährenden Mann genommen zu werden.
Die Socken ließ ich heute weg. Zu heiß. Um neun Uhr waren immer noch über dreißig Grad in meinem Zimmer. Eine legere Cordhose, natürlich aus der Boutique, ein Polohemd von Lacoste in Gelb, dazu ein Halstuch von Versace, die Goldrandbrille ohne Dioptrien, ein wenig Gel in den Haaren, Kalbslederschuhe mit Goldschnalle, kein Ring, dafür die gefakte Rolex, das mußte heute reichen. Eine Jacke nahm ich über den Arm, Wildlederjacke, das mögen die Damen, weil es so weich und kuschelig ist. Ich war schon unten, da fiel mir ein, daß ich den Anrufbeantworter noch nicht besprochen hatte.

»... hier spricht der Anrufbeantworter der Nummer 01-27 68 53. Ich bin zur Zeit nicht da, aber Sie können mir eine Nachricht hinterlassen, nach dem Pfeifton ... danke, das Gerät schaltet automatisch ab.« Gut, daß ich noch daran gedacht hatte, nicht die Ansage mit meinem Namen

zu übersprechen. Ich hatte nämlich einer Kundin meine Nummer zu Hause gegeben, und die kannte mich nur unter dem Namen »Pepe Gimenez«. Ich hatte mich als Bauunternehmer ausgegeben und mit ihr einen Termin gemacht zur Besichtigung des Hafens von Barcelona. Ganz frisch. Die hatte ich in der Discothek »Pavement-Bar« auf Ibiza kennengelernt, wo ich manchmal geschäftlich hinfahre. Mit dem Schnellboot geht das in drei Stunden. Es kostet allerdings einiges an Benzin, deshalb war ich längere Zeit nicht drüben.
Das Boot gehörte einer Gräfin von Bordeaux, Französin. Alte Jungfer. Nicht zu knacken. Aber sehr freizügig. Auch solche Fälle gehören zu meinen Kundinnen. Sie weiß, daß ich ein wenig flunkere, was meine Identität angeht, ich hatte ihr erzählt, daß meine Großmutter eine echte Hofdame war beim Zaren in Petersburg. Da sie die Enkelin von Katharina der Großen persönlich kennt, was ich nicht wußte, und ein wenig herumrecherchierte, wurde meine kleine Lüge von ihr entdeckt. Sie war jedoch so charmant, mich darüber aufzuklären und mir anzudeuten, daß sie Verständnis dafür hätte, und überhaupt, ich wäre doch ein guter Unterhalter, und in ihrem Alter wäre man nicht mehr so wählerisch, was seine Freunde angeht, dafür hätte sie schon viel zuviel falsche Freunde gehabt, nur Sex wolle sie wirklich nicht, ich hätte sicherlich auch keine Lust, mich mit einer neunzigjährigen alten Jungfer zu belasten. Ich gab ihr zu verstehen, daß ich ihre Wünsche respektierte, und fragte, ob sie etwas dagegen hätte, mit mir ab und zu Rommé und Canasta zu spielen, das wäre mein liebstes Hobby. Sie freute sich über diese Bemerkung, und ich mußte tatsächlich jedes zweite Wochenende mit ihr Rommé oder Canasta spielen. Manchmal kamen auch andere Damen dazu, und auf diese Weise lernte ich immer mal wieder eine potentielle Kundin kennen.

Zu der Zeit, als ich gerade den Wehrdienst angetreten hatte, hatte ich gleichzeitig begonnen, meinen Lebensunterhalt mit einer Art Service für ältliche Damen zu verdienen. Hier muß man nicht sofort an Sex denken, aber es konnte schon mal vorkommen, daß gefummelt wurde. Die Agentur, in der ich meine Dienste zur Verfügung stellte, war die »Agentur Señora Fuck«. Der Inhaber war Franzose, und ich lernte im Theorieunterricht viele Dinge, die ich jetzt gut gebrauchen kann. Zum Beispiel das »Händchenhalten«. Darunter versteht man nicht nur, daß der Mann die Hand der Frau zärtlich ergreift und mit ihr über den Wochenmarkt stolziert, nein, es ist eine ungeahnte Kraft, die durch das Händchen fließt, wenn man die Technik beherrscht. Dadurch fühlt sich eine Frau sofort nicht mehr allein.

Das schummrige Licht an der Decke verriet nur mit einem winzigen Aufflackern, daß jemand ins Zimmer gekommen war. Denn die kahle Glühbirne hing nur an ihrem eigenen Kabel, und als jetzt die Tür aufgestoßen wurde, erzitterte die Luft von dem Windstoß. Der Sog. Ich hatte verdammt wenig Zeit, mich aus dem Staub zu machen. Zwei Schritte noch, und der Fremde gelangt in den kleinen Raum, in dem ich mit der Lady auf der Matratze zugange war. Zu spät! Ich bog meinen Rücken ruckartig nach oben, und schon ergriff mich eine eiserne Hand an der Schulter. Die Lady kreischte auf. Scheiße, dachte ich, jetzt haben sie mich! Der Bulle wollte mich mit dem Polizeigriff zu Boden werfen, ich hatte es gerochen. Deshalb duckte ich mich tief bis zum Teppich und zog ihm mit kräftigen Armen die Beine weg. Er schlug unglücklich mit dem Kopf auf die Heizung, und dann kam kein Laut mehr aus seinem Mund, den er gerade zum Sprechen geöffnet zu haben schien. Die Lady riß mit einem Schwung die Schublade aus dem kleinen Nachttischchen und haute mir damit auf den Kopf, ich bemerkte es zunächst

Frau

gar nicht. Das Fenster war geöffnet, und ich sprang, ohne zu wissen, wie hoch dieses Stockwerk war – ich war mit der Lady knutschend in den Aufzug gestiegen, und sie hatte den Knopf gedrückt –, aus dem Fenster und landete etwas unweich auf einer Markise. Mein Glück, denn ich war, wie sich jetzt herausstellte, im zwölften Stockwerk. Da, eine Art Regenrinne, ich erwischte sie mit dem linken Ellenbogen und rutschte gekonnt an ihr bis zum Erdboden. Glück gehabt. Das Toupet war noch aufgesteckt, so daß die Lady mich sicherlich nicht erkennt, wenn ich ihr am nächsten Morgen im Frühstücksraum begegnen sollte. Ich verzog mich für ein paar Minuten im Parkdeck des Hotels und kleidete mich schnell um, das Toupet verschwand in der leichten Aktentasche, die ich aus dem Kofferraum meines 83er Golf-Cabrio zauberte. Dann ging ich seelenruhig an der Polizei vorbei, die mich nicht eines Blickes würdigte, zur Rezeption. »Faszanatas, Rodriguez, meine Zimmerschlüssel bitte.«

Diese Episode kam mir in den Sinn, als ich in der Straßenbahn die Schlaufe suchte, um mich festzuhalten. Es war ein paar Jahre her, damals suchte die Polizei gezielt nach mir, aber man wußte nichts über meine wahre Identität, ich bin eben Profi und weiß mich zu tarnen. Manchmal tut es auch nur ein kleiner falscher Bart. Da ich ein Allerweltsgesicht habe, kann ich gut daran herummanipulieren. Zu jenen Zeiten hatte ich sogar mal einen falschen Buckel unter die Jacke gestopft, um auf jeden Fall einen Eindruck zu hinterlassen. Die Dame, der ich mich so präsentierte, durfte auf keinen Fall merken, daß der Buckel falsch war. Bewerkstelligen Sie das mal im Bett, wo man ja bekanntlicherweise nichts anhat außer seiner Haut. Was für eine Prozedur, der ganze Körper wurde mir von einem Fachmann, der Komplize war – ich arbeitete damals, in besseren Zeiten, des öfteren mit zwei, drei anderen zusammen –, mit einer Art Gummischicht überzogen, zehn Stunden dauerte das Ganze, nur um ein einziges Mal nackt mit dieser Dame in ihrem Bett zu liegen, zum Geschlechtsverkehr kam es ja gar nicht, ich erwähnte ja schon, daß das nicht unbedingt vonnöten war, um Frauen zu betören. Nur gut, daß die Dame die vielen anderen Male nicht darauf bestand, daß ich mich nackt ausziehe, ich gab an, an einer Hauterscheinung zu leiden, daß ich mich nur in einem völlig abgedunkelten Zimmer meiner Kleider entledigen könne, sonst würde mir die Haut buchstäblich von den Knochen fallen. Sie glaubte es mir bis zuletzt, bei ihrer letzten Reise und der darauf folgenden Beisetzung stand ein für die gesamte Verwandtschaft völlig unbekannter kleiner buckeliger Mann verzweifelt am Rand des Grabes und warf eine Rose in dasselbe. Sie wußten nicht, daß es sich um den Alleinerben ihres Vermögens handelte.

Nun war ich also unterwegs zu Katja. Sie holte mich am Busbahnhof ab. Nett, wie sie sich die Stiefel angezogen hatte. Oder war es ihr nicht aufgefallen? Sie hatte sie spiegelverkehrt an. Ach nein, doch nicht, das sah nur so aus, bei den modernen Schuhen weiß man manchmal nicht, wo links und rechts ist oder gar wo vorne und hinten ist. Unmögliche Mode. Abgeschnittene Schuhe. Vielleicht war das einfacher zu nähen, ich weiß es nicht. Sie trug eine Art Stola, völlig unnötig, bei den Temperaturen sich mehr anzuziehen, als es die Sittenpolizei zuläßt. Aber sie wollte mir ihren Geschmack zeigen, so als wolle sie sagen: »Schau mal, so zieht man sich heute an, tu's auch, oder traust du dich nicht?«
Das Fischrestaurant am Hafen war total überfüllt. Freitags ist immer und überall, auf der ganzen Welt, wohl der Fischtag. Wir mußten auf unseren reservierten Tisch eine geschlagene halbe Stunde warten. Als wir dann endlich saßen, wurden wir wie zwei Volkshochschulschüler bedient,

unaufmerksam bis zum Geht-nicht-mehr und sogar frech. Wenn man nicht umgehend wußte, was man haben wollte, sobald man die Karte auch nur mit den Fingerspitzen berührt hatte, wurde man allein gelassen, wenig später kam der Kellner erneut und sagte, der Tisch müsse um halb elf frei sein, es war aber erst Viertel vor zehn. Das heißt, das Essen kam erst um zwanzig nach zehn, wir schlangen den Fraß runter, der Fisch war nicht mehr frisch übrigens. Ich hatte zum Glück Underberg dabei, und wir mußten beim Rausgehen an der Kasse mit vollem Mund bezahlen. Aus dem Augenwinkel sah ich, daß die neuen Gäste genauso bedient wurden. Katja schockte das gar nicht, sie wollte mich in ihren Sportwagen verfrachten, und ich stieg also ein.

Im Innern des Aston Martin fragte sie, warum ich nicht mit dem Auto gekommen sei. Ich konnte ihr natürlich nicht sagen, daß ich die Garagenmiete nicht bezahlt hatte und der Wagen daraufhin von dem Gebäudeunternehmen nicht herausgegeben wurde – ich müßte erst drei Mieten im voraus zahlen, eine in Barcelona übliche, verbotene Methode, aber die wußten sich wohl nicht mehr anders zu helfen bei so viel Mietvergehen in dieser Stadt, es handelte sich ja nicht nur um Parkplätze, meist sogar um Wohnungen.

»Ich ziehe es an heißen Tagen vor, mit der Bahn zu fahren, Katja, und außerdem genieße ich jeden Augenblick, mit Ihnen zusammen in Ihrem schönen Wagen zu sitzen, nicht nur wegen der Karosserie, liebe Katja!« Sie mußte unwillkürlich schmunzeln ob meiner derart feinsinnigen Art, sie mit Komplimenten zu überschütten. Das Überschütten von Komplimenten will gelernt sein. Wenn man es übertreibt, wirkt es unecht. Aber wenn man zu wenig bringt, nagt der Frust den ganzen Abend an ihr.

 Wir fuhren zum Meer. Im Sand barfuß gehen macht Spaß.

Am Meer

Die feinen Körner fließen förmlich zwischen den Zehen durch und sorgen für ein wohliges Gefühl in der Magengegend. Sie genoß es. Ich hingegen setzte mich etwas entfernt auf die großen Steine, die den Strand von der Straße trennten. Ich wollte die Schuhe nicht ausziehen. Keine Ahnung, nehmen wir mal an, im schlimmsten Fall müßte ich schnell entkommen können, dann erst Schuhe anziehen? Nein, völlig ausgeschlossen. Ich wollte zu jeder Zeit fähig sein, umzudenken. Die Erfahrung hatte es mich gelernt. Aber bei Katja konnte ich eigentlich sicher sein, daß sie nicht plötzlich die Polizei auf mich hetzen würde. Sie war dermaßen weit weg von einer Aufdeckung meiner Identität wie Pluto von der Sonne. Ich wollte ihr Kichern genießen, das zu mir herüberschallte, als sie mit den Füßen ins kalte Wasser tapste, aber ihre Stimme war wirklich schrecklich. So hoch und schnarrig, völlig doof. Von Floskeln umspielt und immer irgendwie belustigt, mit einem Gurren hinten im Hals, aber wie gesagt, schrill wie eine Elster. Widerlich. Ihr Gebaren war etwas für den Pferdehof, vielleicht mochte ein Pferd diese fürchterliche Stimme und erkannte sie als Freundin wieder, wenn sie in den Stall kam, um es zu striegeln. Ich wollte beim besten Willen nicht von ihr gestriegelt werden.
Der Abend verging, und ich ließ mich von ihr noch eine Weile herumkutschieren, bevor ich mich auf der Rambla von ihr verabschiedete. Ich gab an, eine wichtige Besprechung vor mir zu haben am nächsten Morgen, aber sie bräuchte mich nicht nach Hause zu fahren, weil ich in der Bahn die Zeit, die ich mit mir alleine verbringen würde, nutzen müsse, um über unsere Beziehung nachzudenken, schon allein wegen der Hochzeit, die wohl bald auf uns zukäme, weil Katja unbedingt mit mir schlafen wollte und ich ihr erklärt hatte, daß ich aufgrund meiner Religion auf keinen Fall vor der Eheschließung mit ihr Geschlechts-

verkehr haben könne. So ködert man die meisten und bringt es in der Tat schnell zu einer Entscheidung. Man glaubt gar nicht, wie die Religion Eindruck auf diese Frauen macht. Dabei bin ich wirklich ein Gotteslästerer, wie er im Buche steht. Ich war jedesmal wieder über mich selbst erschrocken, mit was für einer Selbstverständlichkeit ich den lieben Gott mit hineinzog.

Ich brachte es fertig, daß Katja mich nicht zur Bahn begleitete, ich gab vor, ein paar hundert Meter rennen zu wollen, wegen dem Ausgleich, und sie verzog sich endlich gutgelaunt, aber etwas unsicher von mir und bestieg ihren Aston Martin. Den hatte sie sich nicht selber verdient, sie war unter komplizierten Verhältnissen verheiratet gewesen und hatte ihren Mann professionell »ausgezogen«, wie wir im Fachjargon sagen. Nun sollte sie selber dran glauben. Ihr Exmann war übrigens unter mysteriösen Umständen ums Leben gekommen. Aber selbst diese Tatsache machte mir nicht im geringsten etwas, und ich verließ mich auf mein sprichwörtliches Glück. Was soll die mir schon?

Als ich ihre Auspuffrohre weit hinten am Horizont wegblabbern hörte, machte ich auf dem Absatz kehrt und rannte sofort in die nächste Bodega, um mir mit billigem Fusel die Birne vollzuknallen. Heute kam Fußball auf Spanien Eins, das Spiel wollte ich in der Kneipe gucken, wo sich schon ein paar Kerle eingefunden hatten, die bereits vor dem Spiel besoffen waren und, obwohl von Tuten und Blasen keine Ahnung, leger über das bevorstehende Spiel fachsimpelten und schon die Anzahl von Toren kannten. Ich hatte keine Lust, das Spiel auf meinem klitzekleinen Fernseher zu Hause zu sehen, und außerdem würden die Leute unter mir an so einem Fußballtag völlig ausflippen. Ich hätte keine Ruhe gehabt vor denen und deren Gerüchen. Madrid spielte gegen Barcelona, die Jungs aus Barcelona versagten kläglich, und einer der Gäste in der Bodega

weinte nachher noch. Danach mußte er sich übergeben und wurde rausgeschmissen.
Die Nacht danach in meinem schmalen Konsolenbett war ein Alptraum. Die Hitze staute sich dermaßen unter der Zimmerdecke, daß der Puls nicht mehr zu spüren war. Die Luft konnte in dieser Nacht gefühlt werden, so dick war sie. Von draußen drang unentwegt aus dem Transistorradio Gequäke. Die Nachrichten schockten mich schon nicht mehr.

V

Am nächsten Tag hatte ich einen Termin beim Finanzamt. Sie wollten genauere Angaben über meinen Verdienst und hatten eine Betriebsprüfung anberaumt. Betriebsprüfung, ich lache gleich. Da ich keinerlei Unterlagen über meine »Verdienste« sammele, hatte ich außer einem schmalen Ordner, in dem ich meine Krankenkassenbelege aufbewahrte, nichts dabei. Sollen sie mich doch schätzen.
Die freundliche Dame in Zimmer 416 gab mir mit einem seidigen Blick zu verstehen, daß sie mich wohl irgendwie sympathisch finde. Sie sah einigermaßen passabel aus und trug, wie mein geschulter Blick sofort meinem Kleinhirn vermittelte, hellgrüne Unterwäsche, die keck aus dem schmalen Rock oben hervorschaute, besonders am Hintern konnte man den String erkennen, der wie ein Nichts zwischen ihren Arschbacken zu verschwinden drohte, als sie sich umdrehte und meine Akte aus dem runden, vierrädrigen Aktenschränkchen hervorzauberte.
Ich mußte wohl einen starken Eindruck auf sie ausüben, auf jeden Fall rückte sie mit ihrem Stuhl sehr weit über den Tisch hinweg und berührte mich fast mit ihren prallen Brüsten. Was für ein Weib, dachte ich, und schon nestelte sie, nachdem sie prüfend Richtung Tür geschaut hatte und sie uns unbehelligt wähnte, an ihrer Bluse herum und legte den größten Teil ihres Busens frei, so daß ich mit der rechten Hand hinlangen konnte. Mit einer Ohrfeige hatte ich nicht gerechnet, doch sie tat es wirklich! Dann lachte

sie laut und unbeherrscht. Jetzt mußte ich auch lachen. Was soll ich sagen, aus diesem Kurzbesuch auf dem Finanzamt entwickelte sich eine dauerhafte, für beide Seiten lohnende Beziehung. Ich hatte Nutzen aus ihrem Beruf, und sie hatte großen Nutzen aus meiner Hose.

Das ist natürlich nur bildlich gemeint, denn wie auch bei meinen vielen anderen Kontaktpersonen enthielt ich mich auch hier sexuell. Das heißt, ich führte ihn nicht ein. Das muß immer ein Hauptziel sein bei einem wirklichen Heiratsschwindler – klug zu bleiben und sich nicht durch vermeintliche Zärtlichkeiten dann letztendlich doch einfangen zu lassen. Na gut, Petting, ja. Aber kein GV.
Ich kaufte ein halbes Hühnchen und ein paar Kartoffeln, dann setzte ich mich zum Nachhausegehen in Bewegung. Der Markt war an diesem Samstagmorgen brechend voll, weil morgen das traditionelle Osterfest begann. In diesem Jahr waren Millionen von Touristen zu erwarten. Ich wollte in aller Frühe nach Murcia fahren, wo diese tollen Prozessionen sind, wo die Leute haufenweise Fußbälle von den bunt angemalten und mit viel Phantasie hergerichteten Wagen werfen. Ich hatte dort eine Verabredung mit einer vom Glück verlassenen Italienerin, die sogar einen echten Dogen in ihrem Stammbaum hatte, sie kam aus Venedig.
Klischee über Klischee reihte sich in ihrer Biographie. Auf dem Karneval in Venedig hatte sie einen französischen Theatermacher kennengelernt, der leider früh verstarb und ihr nichts hinterlassen hatte außer ein paar Manuskripten von mittelguten Theaterschmieren. Diese wollte sie nun auf die Bühne bringen. Ich hatte eine Annonce gelesen: »Wer hilft mir, die Werke meines Mannes zu verwerten.« Ich dachte, das ist es, und nahm Kontakt auf. Ich dachte natürlich, die »Werke meines Mannes« wären Industrieanlagen gewesen, aber als ich dann bei dem Telefonat da-

hinterkam, worum es sich in Wahrheit handelte, dachte ich kurz nach und gab mir einen Stoß. Vielleicht konnte man mit diesen »Werken« etwas Lukratives anfangen, ein zweites Standbein würde mir gut stehen. Andrew Lloyd Webber hat ja auch mit diesem Theaterscheiß Millionen, ach, was sage ich, Milliarden gemacht.

Ich brauche neue Unterwäsche. Die alten Klamotten sind durch. Was tut man, wenn man sich schämt, die Verkäuferin zu fragen, wo welche Unterhosen liegen und welche Größe man hat? Man klebt sich einen falschen Bart an und belegt sein Haupt mit einem falschen Toupet. Ich übertrieb es noch, indem ich mir eine dicke Beule aus Silikon auf die Backe klebte.
»Guten Tag, Señora, bitte, die Unterhosen, die hinten nur mit einem Bindfaden auskommen, Sie verstehen, wie heißen die noch?«
»String-Tanga, der Herr!«
»Ja, String-Tanga, meinen Sie, das steht mir gut? Kann ich damit in meinem Alter noch Hof machen?«
»Ja, natürlich, wir verkaufen vornehmlich an ältere Herren, hier, da vorne, der vierte Gang, auch Baumwolle!«
»Danke, die Dame, aber … was meinen Sie, welche Größe könnte ich denn haben?«
Die Verkäuferin nahm Maß. Mit den Augen. »Größe fünf haben Sie, wenn ich mich nicht irre, hihihihihi!«
Warum lachte sie? Ich wurde sauer. Wollte sie mich verhöhnen? Ich nestelte mit schwitzenden Fingern meine Hose auf und verschwand mit ein paar String-Tangas im Umkleidekabuff. Da schwang jemand einen Rock über die Tür, so daß ich von dem Kleidungsstück gestreift wurde. Größe 38 hatte das Modell. Noch ein Rock. Meiner Nachbarin in der nächsten Garderobe gefielen die Farben Rot und Orange wohl sehr gut, denn noch mehrere von die-

ser Art Rock wurden anprobiert. Dazwischen plötzlich ein Stöhnen. Ich dachte, daß ich sie mir wohl mal anschauen sollte. Das Stöhnen nebenan wurde lauter. Ich lugte um die Ecke und öffnete vorsichtig den Vorhang zur Garderobe. Die Frau saß mit gestreckten Beinen auf dem Schemel und zog einen hautengen Rock mit schmerzverzerrtem Gesicht über ihren ziemlich breiten Hintern. Daher also das Gestöhne. Ich konnte aushelfen.
»Werte Dame, ich bin zufälligerweise mit solchen Tücken vertraut. Darf ich Ihnen zur Hilfe eilen?«
Ich betrat keck das Kabuff und richtete die Frau an den Schultern auf, dann faßte ich ihren Rock an den Seiten und zerrte ihn über ihren Hintern, bis er saß.
»Danke, das ist sehr liebenswürdig, der Herr, Señor, darf ich Sie zu einer Tasse Kaffee in dem hier angeschlossenen Café in der zehnten Etage einladen?« Und zur Verkäuferin gewandt: »Ich nehme diese beiden Röcke!«
Ich erwähnte, daß ich zwar eigentlich wenig Zeit hätte, weil mein Parkticket für den Mercedes ausliefe und ich sowieso mal nach dem Wagen schauen müßte, weil er so teuer ist, aber ich ließ mich dann geziert zu diesem Kaffee überreden. Wir fuhren mit dem Aufzug in die Zehnte. Oben spielte eine kleine Combo zum Tee. Ich mußte aufpassen, daß ich heute nicht zu lange draußen blieb, denn ich wollte ja morgen nach Murcia fahren, und dafür mußte ich unbedingt ausgeruht sein.
Im Café spielte die Combo »Schuld war nur der Bossa Nova«. Ich dachte einen Moment lang, ich könnte meinen Augen nicht trauen, da saß direkt neben der kleinen Bühne die Frau aus dem Uhrenladen mit einem Italiener oder so was! Zum Glück hatte sie mich nicht erkannt, denn ich trug ja den Bart und das Toupet, außerdem war sie abgelenkt. Und als ich so mit der Dame aus der Umkleidekabine ins Gespräch kam, beobachtete ich parallel die

Geschehnisse am kleinen Tischchen neben der Bühne. Plötzlich warf die Frau aus dem Uhrenladen dem Italiener unvermittelt einen Handkantenschlag an die Halsschlagader, während sie wie eine Feder emporschoß und ihm ihren Ausweis unter die von einem zusätzlichen Faustschlag geschwollene Nase hielt. Ich versuchte, meine Tischgesellschaft abzulenken, indem ich zur Band ging und mit ihnen sprach, ob ich mal bei einem Lied mitsingen könne, und zwar »Borroquito como tu«, das konnte ich.
Als ich dann da so stand und meiner Tischdame zuzwinkerte, verschwand jeglicher Argwohn über meine Person aus ihrem Gesicht. Sie war wunderhübsch und trug Plastikkirschen als Zopfspangen. Ihr Lächeln war natürlich, und ihr Mund verriet jede Menge positive Energie. Konnte ich so eine Frau überhaupt anschwindeln? Konnte ich ihr als Heiratsschwindler gefährlich werden? Während des Liedes dachte ich nach. Sie saß an ihrem Kakao und konnte so wunderbar einfach sein.

Doch mußte ich auch an meinen Beruf denken. Wenn ich mich immer wieder von dem Charme der Frauen einfangen lassen würde, die mir so tagtäglich begegneten, würde ich meinen Beruf nicht mehr ausüben können. Ich beschloß, während ich die letzten Zeilen des Liedes in das Mikrophon hauchte, sie aus meinen Machenschaften herauszuhalten. Die Frau aus dem Uhrenladen und der Italiener verließen die zehnte Etage zusammen mit zwei Polizisten über den Personalaufzug. Hatte ich also doch richtig gelegen mit meiner Vermutung neulich, daß es sich um eine verdeckte Ermittlerin handelte.
Ich verabschiedete mich draußen auf der Rambla von Isabelle, so war ihr Name. Sie fragte mich, ob wir uns mal wiedersehen könnten, ich gab ihr meine Handynummer, die von dem Dritthandy. Ich besaß mehrere Handys, kann

man sich ja vorstellen, warum. Als sie so ihrer Wege ging, schaute sie sich noch mal nach mir um und lächelte, winkte dabei freundlich. Was für ein nettes Ding, dachte ich. Nein, ich könnte ihr nicht weh tun. Denn bei diesem Mädchen wußte ich, daß es ihr etwas ausmachen würde, von mir zum Narren gehalten zu werden. Bei meinen anderen Fällen war das sicherlich nicht so, die würden sich weiterhin ihres Lebens freuen und die ganze Sache als Abenteuer abtun, auch, um in ihrem Stolz zu bestehen.
Doch bei Isabelle hatte ich das Gefühl, daß nicht Verzweiflung und Eroberungsspiel, sondern echte, reine Liebe in der Luft lag. Hatte sie sich verliebt? Natürlich hatten sich haufenweise, um nicht zu sagen tonnenweise schon Frauen in mich verliebt, ist ja auch kein Wunder. Ich kann Ihnen sagen, ich sah früher noch erheblich besser aus als heute, aber das war alles so gewöhnlich, immer dasselbe Muster, Mann war gestorben oder untreu geworden, die Frau suchte Erleichterung und Abenteuer, dazu Selbstbewußtsein. Ich gab ihnen das, was sie benötigten, und nicht mehr, dann kam der Tag, an dem ich diese Frauen geschickt verließ, indem ich beispielsweise meinen eigenen Tod inszenierte und die Dame noch lange hinter mir herweinen ließ.
Das war mit Sicherheit die schlimmste Art, diese Frauen zu verlassen. Oder, einfacher und wirkungsvoller, das plötzliche Weggehen mit einem völlig nichtigen Grund, zum Beispiel sagte ich einmal, als ich von einer dieser Frauen alles Erdenkliche bekommen hatte, von der Lebensversicherung bis hin zu einer Villa im Schwarzwald, wo ich allerdings nie hinfahre, weil es mir da zu dunkel ist: »Ich verlasse dich, du bist drei Zentimeter zu groß für mich, ich kann mich mit dir nicht in der Öffentlichkeit sehen lassen, es ist zwar in der Vergangenheit passiert, aber mit Widerwillen, und außerdem mag ich nicht, wie du dein Ei köpfst. Tschüs!«

Golfen

VI

Murcia. Heiße Stadt im Süden. Ich dachte, daß ich vielleicht ein paar Tage dableiben würde. Obwohl Anita am Montag mit mir essen gehen wollte, o Gott, war die häßlich. Egal, ich schmierte ihr dermaßen Honig um ihr Maul, daß sie dachte, ich wäre der einzige Mann auf der Welt, den sie begehren würde.
Mit der Tüte mit den Unterhosen stieg ich in die U-Bahn und löste ein Ticket nach Hause. Zu Hause angekommen, löste sich ein Schatten aus dem Hauseingang, als ich den Schlüssel rauskramen wollte. Das Übliche, einer dieser Überfälle. Der Typ war höchstens achtzehn Jahre alt, ich bemerkte ein blitzendes Messer, als er auf mich zuflog. Ich duckte mich geschickt und ließ ihn über mich hinwegfliegen, dann warf ich mich blitzschnell herum und trat mit dem ausgestreckten Bein in sein Gesicht, als er erneut einen Angriff versuchte. Dann nahm ich ihn unter den Oberschenkeln und hob ihn hoch, um ihn dann im Rückwärtsfallen über mich hinwegzuziehen. Und anschließend verdrehte ich ihm die Beine so, daß er vor Schmerz aufschrie.
»Hör mal zu, Junge, mit mir geht das nicht hier!«
Ich nahm ihm das Messer weg und schmiß es hinter mich. Jetzt stand ich aufgerichtet vor ihm, und er erkannte wohl in mir den Stärkeren. Er wollte sich irgendwie entschuldigen, das ist ja noch schöner, dachte ich. Man sollte diese Typen vierundzwanzig Stunden am Tag vor Weidedraht

pinkeln lassen, damit sie auf andere Gedanken kommen, dachte ich. »Trag meine Tüte nach oben!« herrschte ich ihn an. Der Kerl packte die Tüte mit den Unterhosen und stieg vor mir die Treppe hoch in den vierten Stock. Oben angekommen, nahm ich ihm die Tüte ab und trat ihm mit den Worten in die Eier: »Und laß dich nie wieder hier blikken!« Er verschwand unter Jammern von meiner Etage. Ob er in der Gegend weiterhin unbescholtene Leute überfallen hat, weiß ich nicht, fest steht, daß lange Zeit nichts mehr passiert ist in der Art danach.

Im Schlafzimmer war dicke Luft. Ich hatte vergessen, morgens, als ich wegging, das Fenster auf Kippe zu stellen und die Vorhänge zuzumachen. Die Sonne hatte den ganzen Tag auf die Scheibe geknallt, und nun war es nicht mehr auszuhalten in dem engen Raum. Hier war an Schlaf nicht zu denken. Von unten kam laute Popmusik. Die Leute unter mir hatten einen ziemlich schlechten Musikgeschmack. Es war zum Kotzen.

Ich ging noch eine Runde raus. In der Nähe war ein kleiner Park, mehr oder weniger auch ein Kinderspielplatz. Nur daß seit Jahren keine Kinder hier mehr spielen konnten, weil der ganze Platz zugeschissen war, nicht nur von Hunden, sondern auch von ein paar Rauschgiftsüchtigen, die außerdem noch ihre Spritzen hier einfach in der Gegend herumwarfen, kein Mensch kümmerte sich um den Abfall, einmal im Monat kam der Müll und holte mit Handschaufeln den größten Teil weg. Hier war es aber immer noch besser als in meiner beschissenen Bude. Ich setzte mich auf die Rücklehne einer abgewetzten Parkbank und schlief im Sitzen ein. Am nächsten Morgen rannte ich unrasiert und ungewaschen zum Bahnhof, wo mein Zug gerade einfuhr. In letzter Sekunde riß ich mich an dem Griff neben der Abteiltür in den Waggon. Auf ging's nach Murcia.

Die Italienerin hieß Antonia. Donna Antonia sogar. In Murcia hatten wir uns schon mehrmals getroffen, ich gab an, daß ich beruflich manchmal in der Nähe weilen würde, Stiere einkaufen für Corridas, ich hatte ihr weisgemacht, daß ich der König von Pamplona genannt würde, weil ich jedes Jahr dort die gesamte Organisation des drei Tage dauernden Festes nebenbei machen würde, hauptberuflich wäre ich eigentlich im Silicon Valley tätig, aber da meine Position in meiner eigenen Firma ja an oberster Stelle disponiert wäre, bräuchte ich nicht zur Arbeit zu erscheinen, wichtig wären nur ab und zu gewisse Unterredungen mit Geschäftspartnern, die sich meist im Fernen Osten zutragen würden. Ich wußte, daß Donna Antonia Flugangst hat, deshalb konnte ich ihr die Geschichte mit Amerika auftischen.

Sie würde niemals dahin fahren. Das kann nämlich schon mal passieren, daß eine Kundin mißtrauisch wird und mir nachspioniert. Hat es schon gegeben. In Österreich bin ich mal beinahe aufgeflogen, weil mir die damalige Dame meines Herzens nicht geglaubt hat, daß ich ein Neffe von Sissy bin. Nur durch eine Flucht durch den Kamin des Hotels Sacher gelang es mir, Österreich vor dem Morgengrauen zu verlassen. Ein paar Stunden später hätte die Polizei an meiner Zimmertür geklopft. Mit Zeugen und Beweismitteln. Ich wäre für mehrere Jahre wegen Betrugs hinter Gitter gegangen. Und das wollte ich nicht mehr so gerne, die Erlebnisse in meiner Jugend sollten nicht wiederholt werden. Trotzdem ist es mir noch ein paarmal im Leben passiert, daß ich eingebuchtet wurde. Doch habe ich mehrere starke Anwälte. Einen in den USA, einen hier in Spanien, und auch in Deutschland habe ich Verbindungen.

Deutschland ist übrigens das Eldorado für Heiratsschwindler, nur das Klima, ich weiß nicht, ist irgendwie scheiße. Im Winter naßkalt und manchmal unglaublich ekelhaft, im Sommer wird's wochenlang nicht warm, es regnet in Strömen, dann wiederum ist es sechs Wochen lang dermaßen heiß, daß alle Blumen eingehen, wenn man sie nicht mehrmals täglich gießt. Nach der Hitzeperiode gehen diese Blumen allerdings sofort ein, weil es ja dann ausschließlich regnet.

Hier in Spanien ist das Wetter besser. Es ist warm, und die Sonne scheint. Und zwar täglich. Hier kann man es aushalten. Außerdem sind die Leute hier sehr gläubig. Wie auch ich. Ich gehe jeden Tag in die Kirche und zünde Kerzen an für die Mutter Maria, die Jesus, Gottes Sohn, geboren hat. Er ist nachher gekreuzigt worden, weil die andern kein Verständnis für ihn hatten. So ein Leben will ich nicht führen müssen. Immer gute Taten tun, und dann am Ende dafür bestraft werden. Wir in Spanien sind nicht so. Wir lieben Jesus und alle seine Angehörigen. Vor allem waren Adam und Eva die Ureltern der Menschheit, nicht die Affen, wie manche sagen. Affen gibt es auf Gibraltar. Ein gutes Ziel für einen, der sich mit denen fotografieren lassen will. Man sieht, wir Spanier haben Humor, aber sind gläubig und sind gut. Die Portugiesen, ich weiß nicht, sie sprechen eine andere Sprache.

Ich hatte Donna Antonia am Arm, und wir wühlten uns durch die Menge. Die Hauptstraße von Murcia war zugedeckt mit Menschen, alle wollten Bälle. Ja, sie warfen Bälle von den bunten Wagen herunter, und wenn man einen zu packen bekam, konnte man ihn behalten und war froh. Froh, bei dieser unermeßlichen Anzahl von Körpern mit seinem eigenen Körpereinsatz einen Ball erhascht zu haben. Danach wurde auch anderes Spielzeug geworfen. Ein schöner Brauch hier. Donna Antonia bekam aus heiterem Himmel eine Barbie-Puppe von zirka zwanzig Meter Entfernung an den Schädel. Platzwunde. Heulerei.

Ich bekam die Motten. Warum gerade ich. Wieso mußte

gerade ich diese Scheiße jetzt mitmachen. Ich griff Donna Antonia am Oberarm und zerrte sie durch die Menge zur Apotheke. Zu. Alle waren auf der Straße. Nichts zu machen. Ich nahm meinen bunten Schal aus Seide und verband Donna Antonia provisorisch den Kopf. Ich tupfte vorher ein paar Tropfen Hierbas *(Anmerkung des Setzers: Ibiza-Likör)* auf die Wunde, dabei schrie sie mehrmals laut auf.

Die Leute dachten, ich würde meine Frau mißhandeln, und begannen, mich mit Tritten zu traktieren. Ich trat erfolgreich zurück, ein junger Mann verlor dadurch drei Zähne, Donna Antonia fiel in Ohnmacht, und wenig später kam die Guardia civil. Zwei weiß behelmte Polizisten warfen ihre Motorräder an und fuhren, von der Innenhoffront des Westflügels herkommend, langsam aus dem Schatten heraus. Ich wurde mitsamt den anderen, die sich an der Schlägerei beteiligt hatten, ins Gefängnis von Murcia gebracht. Donna Antonia winkte mit verbundenem Kopf hinter dem grauen Polizeiwagen her. Sie verlor ihre Fassung, wie ich im Augenwinkel erkennen konnte, und brach zusammen, als der Wagen mit mir um die nächste Ecke bog. Ich habe sie nie mehr wiedergesehen.

Im Knast von Murcia war es sehr sehr kalt. Dicke Lehmwände, ein einziges mikroskopisch kleines Fenster in einer unüberwindbaren Höhe versprach so etwas wie die Freiheit, die man aber so niemals erreichen würde. Die Sonne stach auf ein paar Quadratzentimetern das Fensterkreuz an die gegenüberliegende Wand. Der Rest des Raumes war in Dunkelheit gehüllt. Das Atmen machte mir Schwierigkeiten. Ich sog den nassen Lehm mit jedem Atemzug ein, deshalb verzichtete ich ab und an auf das Luftholen und lag bewegungslos auf der roh gezimmerten Pritsche.

Mir gingen die letzten Jahre im Schneckentempo durch den Kopf. War ich immer noch der, der ich jemals sein

wollte? Wer bin ich? Weshalb? Ich zermarterte mir das Gehirn und fand keine Lösung. Der Mensch ißt, um zu essen, dachte ich. Und Trinken nicht vergessen. Ich hatte Durst. Mein Mund war so trocken, als hätte ich ihn im Trockner eine halbe Stunde trocknen lassen. Mehlig. Trocken, mehlig. Die Zunge war Teil des Mehls. Hinten im Rachen bildete sich die erste Schwellung. Die Luftröhre wurde immer enger. Die Stunden verrannen.
Ich bekam nur durch ein winziges Röhrchen, das ich aus einem Kugelschreiber, den ich hereingeschmuggelt hatte, bastelte, Luft. Ich steckte das Röhrchen tief in den Hals. Fast hätte ich mich erbrochen. Die Armbanduhr hatten sie mir auch abgenommen. Der Kugelschreiber war zufällig dem Wachmann aus der Jacke gefallen, als er mich auf die Pritsche warf und dann wieder ging, dabei die Tür mehrmals verschloß. Ob er es extra gemacht hatte? Damit ich mir damit etwas antue? Das hatte ich nämlich schon häufig gehört, daß die Wachleute so etwas machen, auf Geheiß der Regierung, damit die Gefangenen sich selbst umbringen und die Regierung keinen Ballast damit hat. Mir soll's recht sein, ich fühlte mich nicht denen zugehörig, diesen Verbrechern und Mördern, ich war Heiratsschwindler, das ist ein ehrenhafter Beruf, im sozialen Bereich anzusiedeln eigentlich!
Eine ganze Woche dauerte es, bis mein Anwalt eintrudelte und mich unverzüglich freikaufte. Es war teuer. Zweihunderttausend Peseten, das ist kein Pappenstiel. Was zum Teufel bilden die sich da eigentlich ein! Nur mit Hilfe meiner frühen Knasterfahrung hatte ich es erst möglich machen können, daß ich überhaupt Kontakt zu meinem Anwalt aufnehmen konnte. Die hatten mich nämlich schlicht und einfach völlig vergessen, noch nicht einmal Essen brachte man mir, und das vier Tage lang. Wasser mußte ich mir aus den nassen Lehmwänden schöpfen, eine Pro-

zedur, die ich allerdings beherrschte wie kein anderer. Wer schon einmal in Spanien im Gefängnis war, weiß, wovon ich spreche. Die lassen einen buchstäblich verdursten, wollen einen auf die Art und Weise gefügig machen, Geständnisse herauspressen, die nicht wahr sind. Um andere zu decken. Oder gar die Polizei selber.

Ich hatte mit Abwasserrohren Erfahrung. Ich verwendete die alte Morsesprache, um mich über Zellengenossen verständlich zu machen, damit jemand meinen Anwalt benachrichtigen würde. Und es hatte geklappt. tok, tok, toktoktok-toooook! usw. Ich klopfte ein paar Sätze in Latein durch. Jemand mußte doch Latein können. Ich hatte schnell Erfolg. Zurück kam: tuk-tuk-tuk---tututuk-tuuuuuk-tuku-tuku-tukkk! Das hieß: bin in zelle dreiundvierzig, stop – werde anwalt kontaktieren stop – geduld! Ende! Ich riß die Arme hoch vor Freude. Jetzt war ich gerettet.

Vierundzwanzig Stunden später schritt Anwalt Cortega durch die Empfangshalle des Gefängnisses mit einer einstweiligen Verfügung, daß ich unverzüglich das Gefängnis verlassen dürfe. Natürlich alles Fälschung, aber die Beamten im Gefängnis von Murcia waren zu dumm, um den Schwindel zu bemerken. Das Beste noch war, daß mein Anwalt auch gar kein Anwalt war, sondern gelernter Dachdecker, nebenbei nahm mein Freund Hugo Cortega Schauspielunterricht bei Hernando Arafat, einem Neffen des Uronkels von Yassir Arafat, dem ehemaligen Palästinenserchef. Er ist, während ich hier meine Memoiren niederschreibe, in Paris an Magen oder so verstorben. Er sprach fließend Deutsch. Seine Frau war, glaube ich, Deutsche.

Murcia war jetzt menschenleer, die Feierlichkeiten waren vorüber. Ich hatte eigentlich vor, Donna Antonia noch zu suchen, aber nach ein paar Tagen in der Unterstadt und

Überlandfahrt

nachdem ich in fast jede Spelunke geschaut hatte, gab ich es auf.

Man kann sagen, was man will, Spanien ist für mich das schönste Land der Welt. Die vielen Strände sind nicht alles, was das Leben so lebenswert macht, nein, auch das Innere des Landes hat einen ganz besonderen Reiz. Die kleinen Städtchen, durch die der Reisende kommt, wenn er zum Beispiel die Hochebene mit dem Motorrad durchquert, weil das so viele Touristen aus aller Welt machen, sind in der entsprechenden Jahreszeit um die Mittagszeit wie ausgestorben, das hat schon was. Wenn man denkt, ah, jetzt will ich mal etwas trinken gehen, und alle Rollläden sind herabgezogen. Man könnte meinen, man wäre allein auf der Welt. Der Geruch von kargem Gestrüpp, ich weiß auch nicht, wie das genau heißt, durchzieht die Luft, ich meine, das sind so Stechbüsche, so mit so Beeren. Ab und an sieht man einen Hund quer über die Straße gelegt, in der brüllenden Hitze. Man muß einen Bogen um das Tier fahren, sonst regen sich die Bewohner auf. Moskitos sind in der Mittagszeit wie weggeblasen, abends kommen sie aus ihren Verstecken. Und dann stechen sie. Das kann einen wirklich verrückt machen. Wer da kein Mückengel mit hat, ist aufgeschmissen.
Ich hatte Murcia verlassen und mich auf den Weg nach Madrid gemacht. Dort hatte ich einen Termin bei einem Friseur. Ich mußte mir die Haare machen lassen. In Madrid gab es die besten Friseure. Meine Frisur war deshalb besonders wichtig, weil ich nämlich einem Club beitreten wollte, in dem es ausschließlich darum ging, wie man aussieht. Nur, wer besonders gut aussah und auch exquisit gekleidet war, konnte diesem Club beitreten. Er hieß »Club der einzig Wahren«. Eine wichtige Angelegenheit für mich, als Heiratsschwindler. Kann man sich ja wohl

vorstellen, was da für Leute versammelt waren. Jedes Jahr gab es einen Prüfungsabend, an dem Neulinge von argwöhnischen Augen gemustert wurden und meist für den Club abgelehnt wurden.
Auch ich war schon einmal bei solch einer Prüfung dabeigewesen, doch hatte ich in den Augen meiner Prüfer jämmerlich ausgesehen. Man kann nur ein einziges Mal mitmachen, wer zum zweiten Male zugelassen werden will, muß auf jeden Fall eine Gesichtsveränderung vornehmen lassen. Unter Zeugen, versteht sich. Die einzige Ausnahme. Ich hatte es fertiggebracht, über eine Patientin von Doktor Vogel in Hamburg, die ich vorgab zu heiraten, zu jenem Doktor vorgelassen zu werden. Der Doktor war bereits Mitglied im Club. Klar, er hatte an sich selbst etwas herumgebastelt, Augenlider, Kropf, Wangenknochen, Lippen, Brustkorb, und ich glaube auch eine Oberschenkelverlängerung. Das war für mich wichtig, ich brauchte diesen Kontakt. Er war sehr überzeugt, daß ich es schaffen würde, im Club aufgenommen zu werden, auch ohne großartige Veränderungen, er meinte, er würde mich weitestgehend original lassen, nur Tränensäcke etwas auffüllen, weil meine im Original viel zu klein waren. Das wirkt unglaubwürdig. Und Kinn. Das Kinn sollte etwas mehr fliehen.
Ich ließ diese Eingriffe im September machen. Schon an Weihnachten konnte ich mich im Hotel »Zur Tenne« in Kitzbühel im schönen Österreich, wo ich zum Skifahren hinfahre bisweilen, nachmittags zum Weihnachtspunsch in der ersten Etage zu den gutgekleideten Damen älteren Semesters gesellen und auch schon ein paar Connections machen. Dort lernte ich Gräfin von Ewald kennen. Sie trug ausschließlich Fuchs. Um den Hals. In ihrem Hotelzimmer zeigte sie mir, daß man nicht unbedingt mit nur einem Koffer verreisen muß, nein, es können auch zwanzig sein.

VII

Der lange Flur wollte kein Ende nehmen. Tür an Tür wohnten hier die Leute. Ich befand mich in der vierten Etage. Das Haus war ähnlich wie das, in dem ich wohnte. Von überall her kamen Kinderschreie und Hundegebell, hier hatte fast jeder einen Hund, einen Kampfhund. Es stank nach Hundekot. Normalerweise sind die Spanier nicht so mit Tieren, aber hier in diesem Viertel lebten ausschließlich Ausländer, meist Marokkaner und Tunesier, vereinzelt auch Philippinos.

Joaquin wohnte hier in diesem Haus. Mein Halbbruder. Er war vierzehn Jahre jünger wie ich, ich hatte erst vor ein paar Jahren von seiner Existenz erfahren. Mein Vater mußte wohl etwas auf der Samenbank abgegeben haben, bevor er starb, und jetzt war dann eben mein Bruder da. Er selbst wollte ja unbedingt wissen, woher er abstammt, hat unheimlich viel Aufwand betrieben, um herauszufinden, wer sein Vater, wer seine Leute waren. Seine Mutter kannte er natürlich, da war er ja aufgewachsen. Bei einer Wette hatte sie verloren und mußte sich anschließend im Kreise ihrer vermeintlichen Freunde den Samen einpflanzen lassen. Sie machten sich einen schönen Nachmittag, diese bekloppten Kiffer!

Und daraus entstand Joaquin, mein Bruder. Er hatte mich nach Jahren besucht und mir die Geschichte erzählt. Wie er mich aufgespürt hat, weiß ich nicht. Vielleicht war eine gehörige Portion Glück im Spiel. Vor allem aber jetzt, denn ich als Älterer fühlte mich, obwohl ich ihn überhaupt nicht kannte, für ihn verantwortlich. Und so kam es, daß ich ihm ab und an mal mit etwas Geld aushalf. So auch dieses Mal wieder. Er hatte mir eine Nachricht zukommen lassen, daß er pleite wäre und ob ich ihm nicht noch ein einziges Mal helfen könnte.

Nun gut, also fuhr ich nach Valencia. Die Stadt lag am Mittelmeer, und ich hatte mir nachmittags die Füße im Meer gekühlt nach dem vielen Durch-die-Stadt-Laufen. Eine schöne Stadt. Ein schöner Hafen, alles etwa wie Barcelona, nur kleiner. Übersichtlicher. Und viel verrückter. Die Leute hier waren völlig aus dem Häuschen. Ich sah eine uralte Frau, die auf der Straße lustige Sachen verkaufte, wie zum Beispiel Gummimesser, die man sich durch den Kopf stekken kann, oder so kleine Ratten aus Plüsch, die sich schnell bewegten, obwohl man sie nicht anrührte, irgendein abenteuerlicher Mechanismus war da drinnen.

»Hallo, Rod, ich brauch Kohle!« Mit diesen Worten empfing mich Joaquin.

»Wieviel?« fragte ich ihn. Er wollte nicht so recht mit der Sprache heraus. »Okay, Joaquin, ich kann dir was besorgen, wenn du mehr brauchst, aber ich muß zumindest wissen, wieviel. Also, wieviel?«

Er wurde rot, Verlegenheit. »Du bist mein einziger Bruder, Rod, und dazu noch mein größtes Vorbild, ich brauche eine Million.«

Mir fiel fast das Gesicht vom Hals. Wofür braucht der Bengel die Knete?

»Was ist los, hast du Probleme? Es hört sich zumindest so an.«

Joaquin drehte sich mit dem Gesicht zum Fenster und schaute heraus. »Ich werde erpreßt, man will mich umbringen.«

Ich setzte mich auf den leeren Bierkasten, denn sonst war

kein Sitzmöbelstück im Raum. Ich forderte ihn auf, seine Story loszuwerden.

»Ich habe neulich eine untersetzte Frau kennengelernt, auf eine Annonce, Rod, ich will doch in deine Fußstapfen treten. Ich hatte inseriert, junger Mann sucht liebe Frau zwecks Heirat und mehr. Eine Russin, ich habe nicht gewußt, daß diese Frau einer Bande zugehörte. Als ich eines Abends mit ihr ein Treffen hatte, wollte sie mich betrunken machen und ausrauben, mit Hilfe ihrer zwei Komplizen. Als ich davon Wind bekam, wollte ich erst flüchten, doch dann kam es anders. Ich kann nur sagen, daß ich diese Frau mit einem Briefbeschwerer erschlagen habe, wußte nicht, daß mich die beiden Komplizen beobachteten, und jetzt wollen sie Geld, sonst verpfeifen sie mich. Bitte, hilf mir, ich glaube, daß sie Ernst machen!«

Ich gab ihm zu verstehen, daß er nicht zu retten wäre, die würden mit ihm sicherlich etwas viel Schlimmeres machen als nur verpfeifen, und wenn ich ihm Geld gäbe, würde die nächste Forderung schon auf sich warten. Nein, ich konnte nichts für ihn tun. Nachdem ich über eine Stunde mit ihm geredet hatte, verließ ich den weinenden Joaquin. Bis heute habe ich keinen Kontakt mehr zu ihm gehabt. Merkwürdig. Merkwürdige Geschichte. Ob es überhaupt stimmte? Egal, ich konnte und durfte mich nicht mit so etwas belasten.

Lauter Motorenlärm holte mich aus dem Tiefschlaf. Wie von der Tarantel gestochen sprang ich aus dem Bett. Da sah ich den dunklen Schatten, direkt vor meinem Fenster. Ich riß das Fenster auf und stierte hinaus. Ich stierte in die weit aufgerissenen Augen des Hubschrauberpiloten, eine Zehntelsekunde später zerriß eine laute Detonation das Motorengeheul in zwei Teile, das linke war noch da, das rechte urplötzlich weg. Wie ein Stein fiel der Hubschrau-

ber an der langen Häuserwand herab und zerbarst unten im Vorgarten, den Señora Martinez so schön pflegte in letzter Zeit. Ihr Sohn Heini wird mir in steter Erinnerung bleiben, er war Boxer.
Der Pilot hing mit seinem zu spät gezogenen Fallschirm an meinem Fensterbrett. Er atmete noch. Nur ein Schock. Der Hubschrauber gehörte der Armee. Bei einer Übung hatte sich dieser Pilot verflogen und hatte die Silhouette des Hauses, in dem ich wohnte, erst entdeckt, als es bereits zu spät war. Der Schleudersitz ist bei einem Hubschrauber anders als bei einem Jet. Er ist wesentlich langsamer, weil auch ein Hubschrauber viel langsamer fliegt.
Es war vier Uhr dreißig in aller Frühe. Die ersten Leute im Haus glotzten schon aus den Fenstern. »Que pasa!?« rief jemand. Ich rannte die Treppen herunter und trat auf die Straße, ging ums Haus herum und sah den Hubschrauber da liegen. Er qualmte.
»Gehen Sie nicht dahin!« rief der Pilot, der jetzt wieder bei Sinnen war. »Helfen Sie mir, mir geht es den Umständen entsprechend gut, Señor.«
Ich half ihm, von dem Fensterbrett herunterzufallen. Drei Meter sind viel, wenn man verletzt ist. Er brach sich die Elle des linken Armes, als er aufschlug, doch verzog er keine Miene. »Ich bin Oberfeldwebel Gomeza, Kavallerie.«
Wir gaben uns die Hand. Ich lud ihn zu einem Kaffee ein an der Tankstelle gegenüber, die hatten schon auf. Señora Martinez wedelte bereits mit Lappen um den Hubschrauber herum und wollte das ausgelaufene Benzin wegwischen. Zum Glück waren es nur ein paar wenige Liter.
In der Tanke gab es belegte Bocadillos, mit Käse und Schinken, Kochschinken. Wir aßen wortlos die Brote auf, tranken dabei den Kaffee con leche. Draußen ging jetzt das normale Leben los. Mofafahrer mit riesigen Kisten hintendrauf, Radfahrer mit verhülltem Mund, Lastkraftwagen,

die vom Gewicht der Ladung fast völlig auf die Fahrbahn gedrückt wurden, eine alte Frau mit einem Kinderwagen voller Zeitungen, ich nahm mir eine. »Selbstmordversuch der Brigitte Bardot«. »Kofi Annan in Lebensgefahr«. »Jerusalem droht Tel Aviv«. »Deutsche Nationalelf des Dopings überführt«. »Wetterbericht« usw. Die Zeitung war voll von Anzeigen. »Hier – Hubschrauber abgestürzt!« las ich dem Piloten vor. Der war ziemlich erstaunt darüber, daß es jetzt schon in der Zeitung steht.

Wir wurden Freunde. Er gab mir seine Adresse im Heer, und ich lud ihn zu dem Kaffee und den Bocadillos ein und gab ihm auch meine Handynummer. Die Geheimnummer natürlich nicht. Ich hatte mittlerweile zehn Handys. Ich mußte teilweise drei, vier Gespräche gleichzeitig führen, ohne daß die jeweiligen Teilnehmer von den anderen etwas erfahren durften. Eine Geschicklichkeitsaufgabe.

VIII

Der Nachmittag war verregnet. Ich saß mit der Gräfin am Stadtteich von Sevilla.

»Ach, wissen Sie, Señor Faszanatas, Ihre Art, mit Frauen umzugehen, ist wirklich einzigartig. Ihre Hände, so fein, so zart, und doch spürt man die ungemeine Kraft in ihnen.«

Sie legte ihren dicken Arm um mich, wollte liebkost werden.

»Haben Sie nicht einmal über die Möglichkeit nachgedacht, daß ich Sie über meinen Tod hinaus in Sicherheit, natürlich in finanzieller Sicherheit, wiegen kann, zum Beispiel über eine Versicherung, die nur auf Sie zugeschnitten ist?«

Ich schluckte schwer. Wenn ich ihr meine Daten zugänglich machen müßte, würde es zu keinem Geldsegen kommen, denn das Geld würde dann irgendwo landen, nur nicht bei mir auf dem Konto. »Peropopomm, pero pero peropopomm, porompompom! Pero pero peropopomm.«

Sie sang plötzlich mein Lieblingslied. Dabei warf sie die Arme hoch.

»Wir wollen doch noch nicht an meinen Tod denken, Rodriguez!« Sie stampfte wie ein Ochse. »Dazu ist das Leben doch viel zu schön! Komm, laß uns in den Teich springen!«

Schon hatte sie sich die Klamotten von ihrem von vielen Tausenden Würstchen genährten Körper gerissen und war in dem dreckigen Tümpel verschwunden.

Mein Gott, was für eine Vorstellung. Aber auch mit solchem egozentrischen Gebaren muß man als Heiratsschwindler tagtäglich rechnen. Ich zog mir die Jacke aus und hechtete in den Teich, um sie zu retten. In letzter Sekunde konnte ich ihr Handgelenk erwischen, bevor sie wie ein nasser Sack unterging, und sie an Land zerren. Sie lag auf dem Rücken, und nach einer Weile kam ein Röcheln aus ihrem Hals. Die Augen hatte sie geschlossen. Ich legte die naß gewordenen Zigaretten neben meine Jacke. Zum Glück war es heute sehr heiß, und die Zigaretten waren in null Komma nichts trocken.
Ich saß neben ihr. Da kamen Leute vorbei. Doch keiner von ihnen sah, was los war. Die dachten sicherlich, hier würde ein Liebespaar ein Tête-à-tête haben. Nach einer Viertelstunde kam sie zu sich. Mit roten Augen streckte sie die Arme nach mir aus und hauchte: »Du hast mich gerettet, Carino, ich liebe dich.« Dem Kotzen nahe. Denn sie hatte jede Menge Wasser in der Lunge. Ich drückte ihr mit beiden Armen den Brustkorb zu, mehrmals, dann kam eine Fontäne Wasser aus ihrem Gesicht. Sie war unverwüstlich. Sie lachte laut auf, fast schon verrückt, sprang auf und nahm sich eine Zigarette, zündete sie sich hastig an. Der erste Zug nahm ihr die Luft weg. Egal. Hauptsache rauchen.
Wir verbrachten den ganzen Tag an dieser Stelle. Abends kamen die Moskitos. Sie kramte ein Mückennetz aus ihrer Handtasche und hatte vor, mit mir da zu übernachten. Ich konnte sie zum Glück überreden, in ein Hotel zu gehen. Da sie nicht erkannt werden wollte, trug sie, als wir uns an der Rezeption als Herr und Frau Gonsalves aus Kuba vorstellten, ein Kopftuch, eine schwarze Brille und eine Art Poncho, der ihren ganzen Körper verhüllte. Wir sprachen ein gebrochenes Spanisch mit kubanischem Akzent, so daß der Concierge uns Glauben schenkte, obwohl wir

unsere Ausweise, wie wir glaubhaft versicherten, als Pfand am Flughafen hinterlassen hatten, weil wir kein Visum hatten für Spanien.

Dies war das erste Mal in meiner langjährigen Karriere als Heiratsschwindler, wo es zu mehr als nur einem laffen Tête-à-tête kam. Doch das zählt hier nicht, weil ich nämlich mit vorgehaltener Pistole von ihr zum Petting gezwungen wurde. Als das Petting beendet war, winkte sie mit der Waffe so, daß ich sofort wußte, aha, jetzt mehr. Ich poppte sie. Gezwungenermaßen. Danach beschwerte ich mich lauthals. Sie konnte das nicht vertragen und hielt sich die Ohren zu. Ich warf ihr vor, mich ausgenutzt zu haben, und morgen wollte ich zur Polizei gehen und sie wegen Sittenverstoß anzeigen. Sie entschuldigte sich mehrmals, und ich glaube, sie meinte es ehrlich. Nachher saßen wir noch lange vor dem Fernseher und sahen Medical Detectives. Sie schlief in meinen Armen ein.
Am nächsten Morgen hatte ich sie soweit. Sie selber sprach von Hochzeit. Sie wüßte ein verschwiegenes Nest in den Bergen, nördlich von Barcelona, wo sie den Pfarrer persönlich kannte, der uns trauen sollte. Ich besprach mit ihr sofort den Ehevertrag. Das heißt, einen eigentlichen Ehevertrag gab es ja nicht in Spanien. Ich legte ihr einen Blankovordruck vor, den ich mit Hilfe meines Anwaltes in USA gefertigt hatte. Ich habe ihn immer in der Manteltasche. Und wenn Hochsommer ist und ich keinen Mantel trage, habe ich ihn, wenn's sein muß, in der Badehose. In dem Vertrag stand, zugegeben sehr, sehr klein gedruckt, daß ich Alleinerbe bin und außerdem ab sofort über das gesamte Finanzielle Vollmacht hätte. Sie unterschrieb im voraus, weil ich ihr bei der Lektüre des Vertrages die riskanten Stellen völlig verzerrt und harmlos darstellte, denn sie wollte, daß ich ihr den Ehevertrag vorlese. Zu ihrem

Ehrentag, wie sie meinte, wolle sie auf keinen Fall irgend etwas tun. Also las ich vor. Sofort setzten wir uns Richtung Perpignan in den Bergen in Bewegung.
Die Fahrt war beschwerlich, denn außer der ungeheuren Hitze war die Strecke dermaßen von Schlaglöchern durchsiebt, daß mein Mercedes, den ich von ihr im voraus geschenkt bekam, schwer zu schaffen hatte. Mitten auf der Straße platzte der linke Vorderreifen plötzlich, und der Wagen schoß nach links durch die Leitplanke der Gegenfahrbahn und überschlug sich mehrmals, als wir mit dem Gefährt den Abhang hinunterpurzelten. Ich hatte eine Beule, als ich kopfüber aus dem Wagen kletterte, sie war tot.
Solche Zufälle gibt es. Und das Beste war, daß ich alle Papiere, die für die Hochzeit nötig gewesen waren, in einer Vorahnung hatte von ihr unterschreiben lassen, so daß ich von dem Pfarrer, der schon auf uns wartete, rechtmäßig posthum zum Ehemann der Frau Gräfin de la Sevilla y Correos gemacht wurde. Da keine Familie dabeisein sollte, fehlte sie auch hier nicht. Der Pfarrer und ich tranken in der der Kirche angebauten Kneipe zwei, drei Tequilas, und dann ging ich mit stolzgeschwellter Brust zum Bahnhof. Denn jetzt war ich ein echter Graf. Posthum, heißt das, glaube ich.

Kirche mit Friedhof

IX

Meinen vierzigsten Geburtstag feierte ich in Ungarn. Ich war beruflich in Budapest tätig und hatte genau vier Tage Zeit, es zu einem Abschluß zu bringen, weil in der Stadt Marseille schon die Witwe des Plastikherstellers John Murham mit einer frisch getakelten Dreimastbark auf mich wartete. Wir wollten eine Mittelmeerrundfahrt machen und hatten uns vorgenommen, bis Sizilien zu segeln, um dann über die Ägäis hoch nach Venedig zu schiffen. Doch zunächst sollte ich mit Dunja ein wunderschönes Wochenende verbringen. Daraus wurde leider nichts, es regnete während meines Ungarnaufenthaltes unaufhörlich Bindfäden. Und kalt war es, für August ungewöhnlich. Also blieb uns nichts anderes übrig, als im Hotelzimmer fernzusehen.

Im Fernseher lief zufällig eine Dokumentation über Heiratsschwindler, Dunja war wie gefesselt von dem Bericht, und ich konnte sie nicht umstimmen, ein anderes Programm einzuschalten. Immer mal wieder kam die Sprache darauf, daß in Spanien die Rate der Heiratsschwindler am höchsten in Europa ist. Dabei schaute Dunja mich mit hochgezogenen Augenbrauen durchdringend an. Ahnte sie etwas? Ich überspielte gekonnt meine Unsicherheit und bot ihr Salzstangen an. Zuviel vielleicht? Denn irgendwann begann sie zu heulen wie ein Schloßhund. Ich wollte sie in den Arm nehmen, doch sie stieß mich wütend gegen die Zentralheizung.

»Du bist auch einer dieser Schweine, stimmt's?!« schrie sie mich an.

Ich tat verblüfft. »Wie kannst du so etwas von mir denken! Warum nehme ich die Strapaze auf mich, hierhin nach Budapest zu kommen und mit dir zusammenzusein, und das vier Tage? Kann ein Heiratsschwindler es da nicht einfacher haben?«

Ich spielte enttäuscht, wurde auch wütend und stand auf, wendete mich zur Tür, um zu gehen, dabei schielte ich unauffällig nach hinten, um zu erspähen, wie sie darauf reagierte. Sie wurde zusehends erschrockener von sich selbst, von ihrer ungeheuren Anschuldigung, bis sie, bevor ich die Klinke herunterdrücken konnte, mich von hinten umklammerte und anflehte, nicht zu gehen. Selbst wenn ich wirklich ein Heiratsschwindler wäre, würde sie mich lieben, denn was hätte sie schon noch vom Leben zu erwarten.

Das macht betroffen. Das kann man verstehen. Ich machte eine Kunstpause, dann wendete ich mich ihr wieder zu und tröstete sie. Ich machte ihr klar, daß ich auf keinen Fall einer dieser Betrüger bin. Vielleicht hätte ich ihr reinen Wein einschenken können, aber sicher ist sicher, möglicherweise wäre das für mich dann doch brenzlig geworden. Zu erwähnen wäre noch, daß sie nach diesem Erlebnis um so anhänglicher wurde und wir am dritten Tag meines Ungarnaufenthaltes tatsächlich zu einem aus dem Branchentelefonbuch kennengelernten Rechtsanwalt gingen und dort einen Vertrag machten, der mich als Verwalter ihres Vermögens und späteren Erben, Alleinerben wohlgemerkt, definierte.

Bei Dunja war auf den ersten Blick nicht viel zu holen, ein Amateur hätte sie gar nicht ins Fadenkreuz gezogen, um etwas aus ihr herauszuholen, doch ich hatte jahrzehntelange Erfahrung, und das macht sich im Endeffekt immer bezahlt. Sie hatte Privatobligationen in großem Stil. Das ist immer ein fetter Happen. Nur weiß das der Laie ja nicht. Alle denken immer nur an Bargeld und Grund und Boden oder Fabrikanlagen und ähnliche Produktionsgeschichten.

Egal, danach feierten wir meinen Vierzigsten im Hotel. Ich trank überhaupt nichts, mußte nüchtern bleiben. Damit sie mir nicht an die Wäsche gehen konnte. Am nächsten Morgen verließ ich sie, ohne Abschied. Sie schlief in ihrer eigenen Kotze.

X

Die Mittelmeerkreuzfahrt war leider ein Reinfall. Heather Murham war total langweilig. Auch als Heiratsschwindler will man ja seinen Beruf auch noch gerne ausüben. Aber was mir da geboten wurde, unaussprechlich langweilig. Die ganze Reise war ziemlich zeitraubend. Man kann ja nicht einfach abhauen, wenn man auf so einem Schiff rumhängen muß, da kam es mir gerade recht, als gegen Ende der Reise ein Sturm aufkam und die Alte von Deck gefegt hat. Ich war der einzige, der es gesehen hatte, der Rest der Crew befand sich unter Deck, während ich oben an Deck mit Miss Murham Schach spielte, das heißt, ich tat so, dieses Spiel ist mir schleierhaft. Scheinheilig fragte ich die anderen, wo Miss Murham denn sei, ich warte bereits eine geschlagene Stunde, sie wollte doch auf Klo. Als die anderen herausfanden, daß sie nicht mehr an Bord war, machten sie einen Heidenterror, aber ich konnte mich mit einem Rettungsboot absetzen. Ich riß es einfach von der Leine, rief irgend etwas von »Ich suche sie« und stach mit dem Boot in See, Richtung Festland.
Zwei Stunden ruderte ich mit Leibeskräften, dann hatte ich die dämliche Seereise hinter mir. Ich hatte nämlich während der Fahrt herausgefunden, daß die Witwe Murham überhaupt nicht als Erbin ihres Mannes vorgesehen war, sie konnte zwar ein paar Annehmlichkeiten, die ihr ihr Mann versprochen hatte, nach seinem Tod noch einfordern, aber Alleinerbe war ein Hundepflegeheim in

Cambridge. Darüber war sie sehr erzürnt, hatte aber einen Prozeß gegen das Testament verloren. In diesem Fall würde ich sagen, das war zwar für mich ein Minusunternehmen, aber der Mann hatte auf jeden Fall recht gehabt, sein Geld nicht in diese unbefugten Hände zu geben.

Nach diesem Fiasko hatte ich nichts mehr, wovon ich die Heimreise antreten konnte. Da ich ja mein Geld, was ich mit meinem Beruf verdiente, vorsichtigerweise unter verschiedenen Namen auf verschiedensten Konten in verschiedenen Ländern angelegt hatte, war es mir nicht möglich, etwas von dem Geld abzuheben, da ich überall ausschließlich Festgeldsparbücher angelegt hatte, an die ich nur nach einer gewissen Zeit rankam. Ich traute mir selbst nicht, denn wenn man Geld hat, gibt man es auch aus. Natürlich machte ich hin und wieder eine Ausnahme, aber im Gros war ich ein armer Schlucker. Ich brauchte nicht viel Geld, war ja immerzu eingeladen, zum Essen, zum Trinken und zu vielen anderen Sachen, wie eben zum Beispiel diese Seereise. Das Essen da war übrigens vom Feinsten, aber nach einer Woche Canasta und Rommé und Schach war das auch egal.

Jahre später entstand aus der Geschichte um Miss Murham eine richtige Sage, wie sie freiwillig von Bord der Luxusyacht gegangen wäre und auf offener See sich von den Haien hat fressen lassen, aus Liebeskummer zu einem fremden Mann, den keiner kannte. Das muß ich sein, dachte ich, und ich war nicht schlecht überrascht, als ich einmal im Fernsehen eine Telenovela sah, in der es um genau diese Geschichte ging. Ja, so ist das Leben. Alles wird verfilmt.

XI

Ich erinnere mich an die Zeit, als ich vergeblich versuchte, einen Beruf zu erlernen. Ich kannte mich gut aus in meiner Heimatstadt Barcelona, also dachte ich daran, Busfahrer zu werden. Dafür braucht man zehn Klassen in der Schule und zunächst einen Führerschein für Moped zum Beispiel. Ich fuhr schon lange mit einem Moped rum, das ich frisiert hatte, das heißt, ich hatte die Zylinder aufgebohrt und größere Kolben, von einem Fiat, reinmontiert. Das Höllending ging an die achtzig Sachen. Eine italienische Motobi oder so ähnlich. Rotweiß. Mit grüner Schrift und Gold. Der Auspuff war zweigeteilt, und ich hatte ihn an beiden Enden etwas abgesägt, damit man mich hört, wenn ich die Ramblas runterkomme.

Ich fuhr schon seit mehreren Jahren ohne Lappen, war nie erwischt worden. Dann machte ich den Führerschein, direkt für Auto und Motorrad. Bei den städtischen Busbetrieben waren Stellen ausgeschrieben für Neuanfänger. Ich trug mich in die lange Liste von Namen ein, alles Menschen, die Hoffnung hatten, einen ordentlichen Beruf zu lernen und zudem noch krankenversichert zu werden, das war nämlich in Spanien nicht so einfach. Als normaler Mensch versichert zu sein war schwierig. Auch ich war jahrelang nicht versichert gewesen. Aber auch nie krank. Als ich dann bei den Betrieben der Stadt unter Vertrag genommen wurde, konnte ich mir die Krankenkasse aussuchen, Techniker- oder Beamtenkrankenkasse.

Ich entschied mich für die Techniker. Hört sich gut an, dachte ich.
Am ersten Tag, als ich krankenversichert war, zum ersten Mal in meinem Leben, wurde ich schwer krank. Mumps. Der Hals schwoll bis zur doppelten Größe an. Ich bekam kaum noch Luft. Ich hatte Glück im Unglück. Weil ich jetzt versichert war, überwies man mich ins Hospital zur gnädigen Mutter Maria im Stadtteil, wo auch der Hafen ist. Nördlich vom Hafen gelegen, stach das Krankenhaus deutlich aus den anderen niedrigeren Bauwerken hervor. In diesem Stadtteil waren nicht viel Touristen. Hier gab es noch Straßen, in denen Kinder mitten auf der Straße knickerten.
Ich verbrachte drei Wochen im Krankenhaus, nutzte die Zeit, Deutsch zu lernen, eine Sprache, die ich immer schon erlernen wollte, vielleicht würde ich sie später in meinem Leben gebrauchen können. Es ist schwer für Spanier, Deutsch zu sprechen, noch schwieriger ist aber das Lesen. Weil ich sowieso nicht lesen konnte. Jetzt im Krankenhaus fiel mir das besonders auf. Ich konnte noch nicht einmal lesen! Der Pastor brachte mir bei, mich mit ein paar Buchstaben, die ich nach ein paar Tagen schon kannte, irgendwie auszudrücken. Ich übte und übte, zu irgend etwas mußte mein Krankenhausaufenthalt doch nütze sein. Und siehe da, als ich das Krankenhaus verließ, konnte ich schon etwas lesen und schreiben.
Mein Entschluß, jetzt eine Schule zu besuchen, wurde von meinem notorischen Geldmangel vereitelt. Das heißt, ich hatte zwar Geld genug, denn ich war mittlerweile eine ernst zu nehmende Größe in Chinatown geworden, ihr versteht, Schutzgeld und so weiter, aber ich muß dazu sagen, daß ich immer gerecht war und nie jemanden umgenietet habe, der es nicht verdient hat. Aber das Geld dafür ausgeben, daß man mir versucht, schreiben und lesen

beizubringen? Absurd. Wenn das jemand von den andern Gangstern herausbekam, war mein Ruf geschädigt. Also mußte ich behutsamer vorgehn.

Ich nahm mir einen Lehrer. Das heißt, eine Lehrerin. Sie gab mir von da ab Unterricht. Nicht nur schreiben und lesen, sondern auch andere Fächer. Ich fand wichtig, auch Erdkunde zu lernen und Geschichte, auch Chemie, vielleicht konnte ich Chemie mal gebrauchen, vielleicht zum Basteln von einfachen Sprengladungen oder so. Auch in Rechnen, obwohl ich da schon ganz gut war, aber nur im Zusammenzählen, konnte ich Fortschritte machen. Die Lehrerin hatte eine charmante Ausstrahlung. Ich pennte mit ihr. Sie hatte angefangen. Anscheinend fand sie mich unwiderstehlich, sie sagte es auch.

Ich bemerkte zu dieser Zeit, daß ich auf Frauen einen ungeheuren Eindruck machte, durch meine nach außen getragene Brutalität, gepaart mit gutem Aussehen und Intelligenz, die man in meinen Augen sah. Dazu mußte ich wohl einen tollen Gang haben, man selber weiß so was ja nicht immer, auf jeden Fall himmelten die Frauen mich derart an, daß ich nicht immer hart bleiben konnte und ab und an mal eine mit nach Hause nahm.

Zu Hause war dann meistens schnell Feierabend, nachdem ich die Weiber bei Kerzenlicht verwöhnt hatte, sie nachher einschliefen und dann morgens im grellen Tageslicht sahen, mit welch einem Dreckskerl sie sich eingelassen hatten. Plötzlich war alles nicht mehr so schön, der kalte Zigarettenrauch, das an die Wand gelehnte Waffenarsenal, die haufenweise Unterwäsche, Socken et cetera, als Bündel dreckiger Wäsche in der Gegend herumliegend, der mockige Teppich, der noch niemals gesaugt worden war, die Krusten an den Kaffeetassen und der Schmand am Duschvorhang, die dunkelgelbe Färbung der Klobrille, all das schockierte meine Schätzchen dermaßen, daß ich

es nach ein paar Malen vorzog, meine eigene Bude lieber zu meiden, wenn ich weiterhin mit einer was zu tun haben wollte.
In dieser Zeit kam ich auf die glorreiche Idee, mit Frauen nur auszugehen und anschließend nicht, wie alle anderen das machen, mit ihnen in die Falle zu springen, sondern lieber den keuschen Frauenversteher und heimlichen Casanova zu spielen. Denn ich konnte schon nach ein paar Abenteuern feststellen, daß diese Frauen, wenn man sie richtig bearbeitet, sehr freigiebig werden, und zwar aufgrund fehlender körperlicher Zärtlichkeiten und Sex, sie neigen dazu, wenn dies alles fehlt, mit etwas anderem dasselbe zu bekommen, nämlich, und da sieht man es mal wieder, mit Geld.
Ja, richtig, Geld. Geld ist und bleibt in unserer armseligen Welt, wenn auch als Metapher, der größte Liebesersatz. Wieviel glücklichere Menschen gäbe es, wenn es Geld nicht gäbe. Das liebe Geld hat eine schier unglaubliche sexuelle Ausstrahlung auf die Menschen, es ist kaum zu glauben. Ich begriff schon früh, daß mit Geld was geht. Und als Platz, diese Geschichte ins Rollen zu bringen, habe ich mir nicht irgendeinen Platz der Welt ausgesucht, nein, ich habe das Glück, zufälligerweise in einer der schönsten, wenn nicht sogar der schönsten Stadt der Welt geboren zu sein und dort auch meinen Beruf weitestgehend auszuüben: Barcelona.

XII

Der Hund riß sein Maul auf, und ohne zu bellen, biß er mich in das linke Bein. Schmerzen durchströmten mich. Es regnete. Der Neue hatte einen Kampfhund. Er wohnte alleine in der Parterrewohnung und war einen Augenblick achtlos gewesen, der Hund hatte eben noch an der Leine Haufen gemacht, in den Vorgarten des Hochhauses, auf die festgetretene Erde, da, wo eigentlich Gras sein sollte. Aber seit Jahren gingen die Leute immer quer durch den Vorgarten oder stellten ihre Fahrräder oder Mopeds da ab. Der Bullterrier stank aus dem Maul, weil er nur Dosenfutter bekam. Sein Herrchen trug eine Leggins und darüber ein Hemd mit buntem, aber jetzt verwaschenem Aufdruck. Seine Haare waren frisch vom Friseur, es war morgens um fünf, und er rauchte stark.

»Ich sag doch, der Hund beißt! Da müssen Sie erst warten, bis ich den Weg freigebe!«

Ich war verdattert. Kein Wort der Entschuldigung oder so. Na warte, der Kerl kann mir jetzt schon leid tun. Er wußte ja nicht, mit wem er sich anlegte. Der Neue war vor einer Woche eingezogen. Arbeitslos. Seine Frau hatte ihn rausgeschmissen. Wohl zu Recht. Das Haus war nicht mehr das, was es mal war. Nur noch soziale Unterschicht. Teilweise oder sogar in ganzer Linie selbst verschuldet. Sie wohnten alle nicht gerne hier, aber es war schon klar, daß hier jeder und jede mit den Füßen zuerst rausgetragen wird, vorher war nichts zu machen.

Der Kerl war wieder im Hauseingang verschwunden. Ich sah ihn aber noch lange im Dunkeln stehen und rauchen, denn der Qualm kam ja aus der Haustür.
»Sagen Sie, wie lange wollen Sie denn noch da stehen?!« rief ich.
»Das geht Sie einen feuchten Kehrricht an, Meister!«
Mir platzte der Kragen. Nach zwanzig Minuten war er wohl weg, ich konnte in meine Wohnung. Was für ein jämmerliches Dasein, dachte ich. Ich hatte Depressionen. Auch das gehört zu meinem Beruf. Es sind die Schuldgefühle, die an einem nagen. Ich gönne keinem dieses Schicksal. Zwar ist man in mancher Hinsicht ein König, aber oft auch der letzte Abschaum, den keiner haben will.
Ja, so dachte ich, als ich mich angezogen auf die Pritsche warf und Mickymaus-Hefte schmökerte. Die unter mir hatten wieder Krach. Ich hörte laute Schreie, es war eine Bullenhitze, und der Fernseher lief über mir. Ich machte den Apparat auch an. Bombenfunde in Frankreich. Verdammt, sollen sie doch alles in die Luft jagen, diese Arschlöcher. Ist doch sowieso alles immer dasselbe. Jahrein, jahraus. Alle Menschen wollen nur das eine. Kohle, Kohle, Kohle. Als ob es nicht noch etwas anderes gäbe. Und diese scheiß Mentalität, immer alles zu fressen, was die Obrigkeit anbietet, die scheiß McDonald's-Kacke und all das widerliche Mode-und-so-Geätze, wann hört die Menschheit auf, doof zu sein!
Ich wälzte mich von einer Seite auf die andere. Die ganze Nacht wieder nicht geschlafen. Schrecklich. Aber auch gut, denn ich habe die Angewohnheit, wenn ich nicht schlafen kann, zum Beispiel diese Zeilen hier aufzuschreiben und der Nachwelt ein paar Informationen über ein bemerkenswertes Leben zu hinterlassen. Der Morgen kam mit einem langgezogenen Todesschrei von unter mir. Der Mann war wohl von seinen Kindern und seiner Frau niedergemetzelt

Hund

worden, auf jeden Fall hörte ich wenig später Polizei und den Leichenwagen. Ich schlief etwas ein, vernahm im Einschlafen ein leises Kreischen, ja, das mußte der Blechsarg sein, der auf den Schienen ins Auto hineingezogen wurde.

Am nächsten Morgen kam ich nicht aus dem Bett. Ich hatte mir den Ischiasnerv eingeklemmt. Es war passiert, als ich träumte, wie ich durch ein verfallenes Haus kroch, das zudem unter Wasser stand, überall waren die Leitungen undicht, und das Wasser schoß in Fontänen aus der Wand. Es roch auch nach Scheiße. Alte faulende Matratzen schwammen durch den Keller, den ich mit aufgekrempelten Hosenbeinen durchwaten mußte, bevor ich durch eine Menge von Unrat zur Kellertür durchkam und ins Freie trat; draußen strömte der Regen ins Gesicht, und es stank bestialisch nach Leiche, süßlich, der Geruch. Dann brach ein Strommast zusammen, und ich mußte eine jähe Bewegung machen, um nicht an den Hunderttausende von Volt führenden Leitungsdraht zu geraten, dabei mußte ich mir wohl die Hüfte verrenkt haben. Es knallte auf jeden Fall da ziemlich rein, und ich schrie vor Schmerz laut auf.
An Einkaufengehen war nicht zu denken. Ich verbrachte zwei Tage im Bett, ohne Essen und Trinken. Während dieser zwei Tage durchlitt ich ein Martyrium wie noch nie. Einmal schellte das Telefon, und jemand fragte nach einem Señor Majuelias, ich konnte mich nicht erinnern, diesen Namen einmal als Pseudonym zugelegt zu haben. Vielleicht doch, aber ich tat so, als würde dieser Majuelias nicht hier wohnen, und legte auf. Noch zig Male schellte der Apparat daraufhin, aber ich nahm lieber nicht mehr ab. Wahrscheinlich hatte jemand meine Nummer weitergegeben. Jemand vom Amt, das machen die manchmal, wenn Verwandte danach fragen. Verwandte von dem, der im Amt für Telefonwesen arbeitet.

Am Freitag mußte ich wohl oder übel das Bett verlassen, denn der Vermieter meines Tiefgaragenplatzes hatte die Schnauze voll von meiner fehlenden Zahlungsmoral und wollte, daß ich jetzt persönlich meinen gelben Lamborghini da wegfahre. Ich zog mir unter Schmerzen die Hose an und ein Netzunterhemd und begab mich barfuß über den brennend heißen Fußweg zur Tiefgarage. Der Wagen sprang nicht an, Batterie. Der Kerl, der mir den Platz vermietet hatte, wollte mir nicht helfen, ich solle selber sehen, wie ich die Kiste da herausbekomme. Schwein. Dieses verdammte Schwein! Es mußte was geschehen, und zwar schnell. Ehe sich der Kerl versah, hatte er das Zeugs aus dem Feuerlöscher im Gesicht, den ich von der Wand aus der Halterung riß, dann schlug ich mit dem roten Behälter so lange auf ihn ein, bis er bewußtlos war. Ein häßliches Vergehen, aber was sollte ich machen. Man hatte mich in die Enge gedrängt. In solchen Situationen dreht jeder durch, fast drei Tage nichts gegessen und getrunken, der Kreislauf macht auch nicht mehr so mit, und dann kommt so ein hergelaufener Mistkerl und will Palaver machen. Ohne mich.

Um mein Verbrechen zu vertuschen, wartete ich den ganzen Tag, bis es dunkel wurde, und packte die Leiche dann in zwei Mülltüten. Ja, ich zersägte ihn, weil er mir in einer Fuhre zu schwer erschien. Da mir diese Geschichte bereits vor über zehn Jahren passierte, kann man mir heute, wo ich das in meinem Buch erzähle, nichts mehr anhaben, weil in Spanien derartige Verbrechen nach zehn Jahren verjährt sind. Glaub ich auf jeden Fall. Na ja, wenn nicht, liebe Leser/innen, soll es mir auch egal sein, denn ich schreibe grundsätzlich alles unter falschem Namen. Alles, auch meine Originalunterschrift.

Wie dem auch sei, ich hatte ab jetzt eine Garage, die kostengünstig war. Sie kostete nämlich gar nichts, es gab ja

keinen Vermieter mehr. Seine Rippen trieben im Rio. Ich hatte die sterblichen Überreste dorthin verfrachtet. Als ich nach Hause kam, versperrte mir der Kampfhund wieder einmal den Weg. Ich trat diesmal mit aller Kraft zu. Das Winseln des Hundes werde ich mein Lebtag nicht vergessen. Sein Herrchen machte gleich mit. Ein Tritt in den Magen und zwei Schläge direkt unter seine triefende Nase machten ihn zum Zombie. Nach drei Tagen war der aus der Siedlung wieder verschwunden.
Unsere schöne Siedlung! Die wird so ein Arschloch nicht verschandeln, soll er doch wieder in seine Wellblechhütte ziehn. Auch ich habe die ersten Lebensjahre ja in einer Wellblechhütte gelebt, bevor wir in diese Baracken zogen an der Autostraße. Als Baby spielte ich mit Kakerlaken Vater, Mutter, Kind. Was bleibt so einem Wicht denn sonst anderes übrig. Um da rauszukommen, dazu gehört absolute Brutalität und Glück. Aber vor allem Energie. Energie, die gerne von Außenstehenden für sich beansprucht wird, man muß aufpassen, daß man nicht zuviel Energie an andere abgibt, sonst ist man schnell wieder da, von wo man aufgebrochen ist. Das Leben als jemand, der von ganz unten kommt, wird nur unter dem Einfluß von besonders makabren Ereignissen in eine andere Richtung erfolgen, die Gesellschaft ist dafür nicht ausgelegt, sage ich immer. Die Kinder, mit denen ich als Kind spielte, sind heute noch dort anzutreffen, wo ich sie zum letzten Mal gesehen habe. Es gibt fast keine Ausnahmen. Es macht mich auch betroffen, das zu wissen. Aber ändern kann ich es nicht. Bin ich der liebe Gott?
Ich schreibe diese Zeilen auf, und hinter mir höre ich das Rasseln und Schlagen der Züge, die über die Strecke donnern. Ich wohne an einer Eisenbahnlinie. Immer, wenn ein Zug vorbeikommt, und das geschieht fast dreihundertmal am Tag, bekomme ich Fernweh. Komisch, dabei weiß ich

wirklich nicht, wohin. Der Mensch ist ein merkwürdiges Tier. Denken kann er und schreiben, lesen und all das, rechnen auch, doch es gibt etwas, was keiner beschreiben kann, nämlich einen Plan. Ein Plan existiert in jedem Menschen. Der Plan des Überlebens. In der heutigen Zeit ist dieser Plan besonders schwer zu erkennen. Er ist versteckt. Es ist ein Schatz, den man sich nicht getraut zu suchen. Der Plan wird von allen Menschen gehegt und gepflegt, doch keiner hat ihn in Wirklichkeit. Natürlich gibt es viele Menschen, die Pläne haben, immer wieder diesen Plänen nachgehen, aber dann kommt es immer anders, wie vorher mal angedacht, anders, wie der Plan es angezeigt hat. Warum ist das so? Ich weiß es nicht. Ich bin nur ein kleiner Heiratsschwindler, der keinen Plan hat vom Leben. Aber vielleicht ist das der Plan. Kein Plan. Aber da kommen wir der Sache wieder näher, nämlich, wenn ich sage, kein Plan ist ein Plan, dann ist es ja wieder ein Plan.

XIII

Ich war mit Lilly in der Geisterbahn. Sie schrie laut auf, als ich ihr im Dunkeln mit der Hand unter den Rock ging. So etwas machte ich jetzt schon seit fast vierzig Jahren. Vielleicht sogar länger, ich weiß es nicht. Das wirkt immer. Erst erschrecken sie sich, dann sind sie für diese Aufmerksamkeit dankbar, und man kann mit ihnen alles machen. Sie war die einzige Frau in meinem Leben, der ich reinen Wein einschenkte. Ich sagte ihr am ersten Abend, daß ich eigentlich Heiratsschwindler wäre, aber bei ihr eine Ausnahme machen würde. Weiß der Teufel, ob sie das ernst nahm.

Ihr Exmann verfügte über ein beträchtliches Vermögen, ihm gehörte eine weltweit agierende Firma, die homöopathische Arzneien herstellt. »Total green« hießen diese Produkte, und sie wurden in China gefertigt. Er verdiente an einer Containerladung umgerechnet zwanzig Millionen Dollar. Die Tabletten hatten alle dieselbe Form, und es war in allen dasselbe enthalten, aber das braucht ja keiner zu wissen. Die Wirkung war auf jeden Fall mehr oder weniger Placebo. Die Leute, die die Dinger nahmen, hatten ja eigentlich gar nichts, höchstens Angst vorm Kapitalismus. Sie zeigte mir mal eine Packung, was da draufstand, war für mich total unverständlich, auf jeden Fall führten die Tabletten, die sie mir zeigte, unter bestimmten Voraussetzungen zum Tode. Muß man sich mal vorstellen! Wahrscheinlich waren die, die das nahmen, dann stolz, nicht tot umzukippen. Wenn sie die Dinger genommen hatten, mußten sie danach zum Psychiater, weil sie größenwahnsinnig geworden sind. Verkehrte Welt. Nichts für mich. Ich nehme nur alte Hausmittel. Wenn der Tod kommt, dann kommt er. So sagt man bei uns. Muerto vienes. – Vienes el muerto.

Lilly war eine attraktive Frau. Ihre brünetten Haare hingen wild über ihre Stirn. Sie sah wirklich gut aus. Sie hatte keinen Beruf. Warum auch. Sie war mit dem Kerl vier Jahre verheiratet gewesen und hatte ihn dann vor die Tür gesetzt. Dann reichte sie die Scheidung ein, so wird's gemacht. Sie war eine echte Rassefrau, Arsch und lange Beine. Das heißt, die Beine, na ja, sie waren eigentlich kurz, aber sie trug ausschließlich überlange Stöckelstiefel, so, wie wir Männer es gerne haben. Lack. Damit kann man schon was hermachen. Wenn man so eine Alte im Schlepptau hat, wird man überall zuvorkommend bedient.

Die Geschichte dauerte aber nicht lange, ich schmiß sie aus meiner Bude raus, als sie mich nach Geld fragte. Sie meinte auch, ich könne meine Lebensgeschichte an die Zeitung verkaufen. Die spinnt wohl. Wen interessiert meine Geschichte schon. »Was meinst du denn, wieviel Heiratsschwindler es gibt, allein in Spanien!« rief ich ihr nach, als ich ihr ihre Einkaufstasche nachschmiß, die auf der Treppe explodierte. Ja, sie war ein paarmal bei mir gewesen, ich hatte sie zu dicht an mich herangelassen. Hatte sie in der Disco »La Banana« kennengelernt, als ich mal, privat wohlgemerkt, tanzen ging. Bei mir ist es so, ich mache viel beruflich, aber wenn ich dann mal privat bin, dann bleibt es auch privat, deshalb hatte ich Lilly auch nicht als Opfer für meine berufliche Tätigkeit vorgesehen. Da bin ich eigen. Ich habe sie mal wiedergetroffen. Sie trug Schwarz, wahrscheinlich war ihr Exmann gestorben.

Berlin. Diese Stadt mag ich nicht. Sie will wie Barcelona sein, groß und international. Ich gebe zu, es gibt auch viele Menschen aus aller Herren Länder dort in Berlin, weitaus mehr als in Barcelona zum Beispiel, aber eine Stadt, die international sein will, lebt nicht von der Anzahl der Ausländer, die in solch einer Stadt sind, sondern von dem Flair der großen weiten Welt. Barcelona ist zwar fast ein Dorf, weil alles so privat ist, aber die weite Welt ist allein schon die Lage des Hafens, mitten in der Stadt. Viele Spanier sind in Barcelona, trotzdem ist die Stadt international, nicht wegen der vielen Touristen, sondern wegen der Atmosphäre, die jedem, der sich in Barcelona befindet, das Gefühl vermittelt, am internationalen Treiben teilzunehmen. Merkwürdig, warum haben nur wenige Städte der Welt so ein Flimmern, so eine ungeheure Präsenz, so unglaublich hot. Ja, diese Stadt ist nicht hip, nicht fresh, sie ist hot. Nicht nur, weil es manchmal über vierzig Grad heiß ist. Die Metro allein macht hier die Musik, der Geruch, die Vielfalt der Züge, die in einem immerwährenden Fluß durch die Tunnel der Stadt rasen, das ewige Schlagen der Waggons über die Gleisverbindungen, wenn man sich unten im Underground aufhält, die Graffitis. Einfach herrlich, diese Stadt. Wer kann sich glücklich schätzen, eine so bedeutende Stadt zu bevölkern.
Ich ging wieder zum Friseur, diesmal kam ich sofort dran. Der Friseur kannte mich schon. Er guckte mich heute so merkwürdig an, manchmal schaute er dabei panisch, wie ich meinte, nach hinten. Was war mit ihm los? Wieso machte er so komische Bewegungen? Als ich meine Haare von hinten ansah, er reichte mir einen kleinen Rückspiegel, sah ich im Hintergrund des Ladens zwei Polizisten. Kaute der eine aufgeregt an seinen Nägeln?
Geistesgegenwärtig rief ich irgendeinen Namen laut in Richtung Tür. Die Polizisten drehten sich, wie ich mir ge-

dacht hatte, dahin, und ich sprang schnell von meinem hochgepumpten Friseursitz auf den Fußboden und dann aus dem hinteren Fenster auf den kleinen Gang, der zur Straße hinter dem Geschäft führte. Die Polizisten hatten es sofort gemerkt, aber ich war schneller. Schon hetzte ich die breite Treppe zur Metro herunter und schwang mich an der weiter nach unten führenden Rolltreppe in die Kurve, die nächste Treppe wieder hoch, dann rutschte ich das Geländer der übernächsten Treppe auf dem Hintern runter und erwischte in letzter Sekunde die Metro Richtung Villa de Cans.

Erst als die Bahn in dem kleinen Arbeitervorort hielt, drückte ich die hydraulische Tür mit bloßen Händen auf, ohne vorher auf »Auf« gedrückt zu haben, und ließ mich im Fahren aus dem Zug gleiten. Auf den Schotter der Bahngleise. Von weiter Ferne hörte ich den nächsten Zug, ich mußte mich beeilen, um über die Straße zu gelangen, auf der anderen Seite überquerte ich die vierspurige Straße und schlug mich Richtung Meer durch. Erschöpft ließ ich mich am Strand in den Sand fallen und konnte etwas ausruhen.

Aus der Kneipe vorne an dem Flanierweg kam leise Musik aus dem Automaten, hier hatte man noch diese schönen Musikautomaten, wo man zwanzig Pesetas reinstecken muß, dann kann man sein Lieblingslied abrufen. Da ging ich rein, setzte mich auf den einzigen Barhocker vor der dürftigen Theke und bestellte eine Sangria. Heute mußte ich feiern, ich war anscheinend der Polizei entwischt. Was wollten sie wohl von mir? Ich werde es später wohl herausfinden müssen. Aber erst mal einen Schluck Sangria. Das tut gut. Der klebrige Rand des Glases machte auf dem dunklen Holz der Theke einen hellen Fleck. Mußte wohl etwas Ätzendes drin sein. Egal, ich wollte feiern.

»Tienes Cigarillos?« fragte ich den Barkeeper.

»No, nada, un Automato aqui!« Er zeigte raus um die Ecke. Ich zog mir eine Schachtel Celtas. Da waren etwas mehr drin wie in den Ducados. Ich mochte die Ducados nicht, alle rauchen Ducados. Celtas, da wagt sich keiner ran. Ohne Filter. Die kurzen Dinger brannten im Mund. Sie schmeckten scheiße, aber das sollen Zigaretten auch. Wofür sind die Dinger denn sonst gut. Ich stieß den Qualm aus der Nase und setzte meine Lippen zu einem langen Schluck aus dem Sangriaglas an.
Da ertönte in unmittelbarer Nähe ein Schuß. Der Barkeeper verzog keine Miene. Und noch einmal knallte es. Es schien aus dem hinteren Raum zu kommen. Wenig später stießen zwei Männer die Pendeltür hinter der Theke auf, durch die man in die Küche gucken konnte. Küche war übertrieben, es befand sich, soweit ich das erkennen konnte, lediglich ein Toaster darin, auf einem an die Wand geschraubten Klapptischchen. Das war alles. Die Männer schauten mißtrauisch zu mir herüber. Der eine kam mit langen Schritten plötzlich auf mich zu und grinste, nahm mich bei den Schultern und schüttelte mich freundschaftlich. »Compagniero! Que pasa! Amigo! Diego, como esta!?« Er kannte meinen eigentlichen Namen! Wer aber war er? (Kleine Anmerkung: Aus Sicherheitsgründen habe ich auch hier nicht meinen eigentlichen Namen angegeben.)
Es stellte sich heraus, daß er ein alter Spielkamerad von mir gewesen sein muß. Aber ich kannte ihn nicht. Oder war es Santo? Nein, tatsächlich, es war Santo! Wir unterhielten uns die ganze Nacht. Zwischendurch kam mal der andere Mann kurz zu uns und flüsterte mit Santo ein paar Worte, dann verschwand er wieder in der Küche, und jetzt ging der Barkeeper auch mit, sie holten einen zusammengerollten Teppich aus dem hinteren Raum, mir schien, als wenn ich die Umrisse eines Körpers erkennen konnte. Aber ich

kannte Santo gut. Es war nun mal seine Art, wenn er Probleme hatte, konnte er sie nur mit Gewalt lösen. Deshalb ist er noch lange kein schlechter Kerl. Nein, im Gegenteil, er hat in seinem Leben schon mehr Geld für wohltätige Zwecke ausgegeben wie der Papst selbst.

Irgendwie bewunderte ich ihn. Ich mußte mich für mein Geld regelrecht abrackern, das Heiraten und das Schwindeln ist sehr anstrengend, und Santo? Er schnippst mit dem kleinen Finger, und ein anderer erledigte für ihn seine Arbeit. Auch ein Lebensstil. Trotzdem gefällt mir mein Beruf. Ich erzählte Santo nichts von dem, als er mich fragte, was ich denn jetzt so mache. Auch er verhielt sich sehr zugeknöpft, wollte nicht genau sagen, womit er sein Geld verdient.

»Gelegenheiten, Diego, ich verkaufe sozusagen Gelegenheiten.«

Ich tat so, als wüßte ich Bescheid. Bis dann die Frage kam: »Diego, hast du Zeit morgen? Ich könnte mir vorstellen, daß du für mich etwas erledigen kannst, wofür ich leider gerade morgen keine Zeit habe.«

Ich erschauderte. Jetzt hatte ich plötzlich so ein Gefühl. »Oh, Santo, ich bin morgen leider schon ausgebucht, äh, ich meine, also, ach ja, ein Pferderennen in Figueras, da muß ich geschäftlich hin!« Und das stimmte sogar halbwegs.

»Na gut, Diego, paß auf, ich muß jetzt gehen, und ich bitte dich, als alter Freund, unser heutiges Treffen zu vergessen. Klar?«

O Gott, was hatten die mit mir vor? Ich mußte schnellstens hier weg. Draußen fuhr ein Wagen vor. Der eine kam rein und winkte kurz.

Santo drehte sich noch einmal um, bevor er heraustrat. »Du schweigst, Diego!«, dann ging er und stieg in den Wagen.

»Wir schließen!« kam trocken aus dem Hals des Barkeepers. Mit diesen Worten schloß er schon die Rollade, die die Vordertür gegen ungewollte Besucher verbarrikadiert. Ich konnte gerade noch unter dem herunterfallenden Eisen des Rolladenschlosses hindurchhechten und mich seitwärts abrollen. Dabei verlor ich einen Schneidezahn. Ich nahm die Beine in die Hand. Nichts wie weg.

XIV

Rollerblade fahren war nicht gerade mein Ding. Aber Isabelle de Havilland, eine Nichte der berühmten Schauspielerin Olivia de Havilland, angeblich, war mit diesen Dingern sozusagen verwachsen. Wir bewegten uns, wenn wir uns trafen, ausschließlich auf Rollschuhen durch das schöne Tal, in dem sie wohnte. Die Schweiz ist für Steuerzahler das Paradies schlechthin. Zwar wird man auch hier nicht umhinkommen, Steuern zu bezahlen, aber das Bankgeheimnis ist und bleibt größer als die Manie, die viele Staaten haben, ihren Haushaltsbeutel zu füllen, indem sie die Finanzgebaren ihrer Einwohner durchleuchten und gegebenenfalls in großem Stil abziehen. Die Blumen blühten um diese Jahreszeit, und es wehte ein frischer Wind durch die Wiesen. Der Weg, auf dem wir uns befanden, war gesäumt von vielen kleinen Vorgärten, deren Pracht von Haus zu Haus schöner zu werden schien. Die Leute hier kümmerten sich zauberhaft um ihre Pflanzen. In Spanien machen das auch viele, aber die Dürre!

Isabelle fiel plötzlich über einen spitzen Stein und verletzte sich am Knie. Ich hob sie auf und tröstete sie. Sie bestand darauf, daß ich ihr Knie puste, so wie eine Mutter das bei einem Kleinkind macht, wenn es Aua hat. Ich blies ihr am Knie etwas. Ein Wagen hielt, es war ihr Chauffeur, der immer in Sichtweite hinter uns herfuhr, da Isabelle keine Normalbürgerin war, sondern zu denen zählte, die gefährdet sind, die nicht nur von der Steuerpolizei observiert werden, sondern im ungünstigeren Fall auch von Kidnappern, die nur darauf warten, so einen fetten Batzen unbeaufsichtigt abgreifen zu können. Daß sie mit mir einen viel schlimmeren Faktor herbeigezogen hatte, davon ahnte sie nicht einen Bruchteil. Ich hatte vor, ihr ihr gesamtes Hab und Gut zu stehlen. Und dafür machte ich so einen Scheiß mit, wie zum Beispiel auf Rollerblades hinter ihr herzueiern. Denn ich war nicht gerade gut in dieser Disziplin. Die jungen Leute können so etwas ja besser. Ich hatte in meiner Jugend vielleicht mal Fahrradfahren gelernt, oder Moped, aber die modernen Sachen wie Skateboard waren für mich Artistik der besonderen Art. Meine Leistungen auf dem Skateboard, Isabelle wollte manchmal, daß ich auch Skateboard fahre, waren allerdings zirkusreif. Aber mehr in Richtung Clown. Wie oft hatte ich mir die Oberschenkel aufgeschlitzt, zum Beispiel letzten Sonntag noch, an einem rostigen Nagel am Weidezaun, das Hindernis, das mich ausbremste. Wenn der Weidezaun allerdings nicht da gestanden hätte, wäre ich sicherlich in die Schlucht gestürzt, die sich direkt dahinter auftat.

Der Chauffeur sprang sofort aus dem Wagen und lief zu Isabelle, nahm sie hoch und schleppte sie zum Auto. Ich hinterher. »Sie müssen einsteigen, schnell! Es ist eine Falle.« Der Kerl war doch verrückt. Ich stieg in den Wagen, Isabelle neben mir, der Chauffeur latschte aufs Gaspedal, so daß sich der schwere Wagen aufbäumte und einen langen Satz nach vorne machte und davonschoß. Ich sah durch das Rückfenster plötzlich, wie sich mehrere dunkle Gestalten aus der Graslandschaft erhoben und in eine Richtung liefen, sie hatten dort wohl Motorräder stehen, denn wenig später vernahm ich Donnergrollen. Tatsächlich hatte der Chauffeur recht. Oder hatte er es selbst inszeniert, um Eindruck zu schinden? In so einer Situation ist das einem völlig egal. Isabelle war froh, daß wir es geschafft hatten, in

Gräfin de Havilland

den Wagen zu steigen, bevor der Chauffeur aufs Gaspedal drückte. Jetzt erst mal entspannen.
Wir fuhren in eine kleine Bar an der italienischen Grenze und tranken jeder ein Glas Pernod. Der Chauffeur unterhielt sich mit dem Barbesitzer und fragte ihn nach unbekannten Gestalten aus, die eventuell in letzter Zeit hier ihr Unwesen getrieben hätten. Tatsächlich waren seit ein paar Tagen Leute im Tal, die durch ein etwas merkwürdiges Auftreten auffielen. Unter anderem trug der eine ständig eine Maschinenpistole unter der Jacke. Das hatte ein Dienstmädchen im Hotel nebenan bemerkt, als derjenige zur Toilette ging und das Maschinengewehr fast aus der Jacke herausgefallen wäre. Er fühlte sich wohl unbeobachtet, denn er schaute sich kurz um und verrichtete dann in aller Ruhe sein Geschäftchen. Isabelle fühlte sich jetzt nicht mehr sicher in dem schönen Tal und hatte vor, in ein anderes Tal umzuziehen. Sie beauftragte einen Makler, für sie ein neues Tal zu suchen. Das geht in der Schweiz ganz gut. Es gibt Täler, die sind sogar noch unbewohnt und zu haben.
Schon am selben Tag rief der Makler Isabelle an und offerierte ihr als Angebot ein schmales Tal, in dem in der untersten Linie ein Bach verlief. Doch einen Bach wollte Isabelle nicht, sie meinte, er macht zuviel Arbeit. Immer müsse man schauen, ob kein Hochwasser ist, und im Sommer würden viele Steine im Bachbett liegen. Sie hätte so komische Gedanken, daß sie den Bach aufräumen müsse, ja, er soll, wenn schon denn schon, blitzblank und sauber sein und keine Malessen machen. Darüber hinaus erfuhr sie von dem Makler, daß in diesem Tal Bären gerne herumtollen würden, und die Anwohner hätten nichts dagegen, weil die Bären keine Menschen angreifen. Isabelle durchfuhr ein Schrecken, als sie erfuhr, daß doch vor einem Jahr eine ganze Familie von einem Bären ausgelöscht

worden war, aber der Bär wäre weggegangen, in ein anderes Gebiet. Die neuen Bären sind menschenlieb, die essen nur Pflanzen und ab und zu mal ein Schaf. Schafe gibt es viele in den Tälern, also dachte Isabelle kurz nach und meinte dann doch, es vielleicht mal eine Zeit in dem Tal zu versuchen. Sie liebt Schafe über alles, und ihre Pullover sind alle aus Schafwolle. Sie flirtete, während sie mit ihrem Handy telefonierte, mit jedem, der vorbeiging, egal, wer. Sie war eben eine Frohnatur.

Ich half ihr bei den Vorbereitungen. Sie packte nicht viel ein, nur einen Badeanzug und zwei Handtücher, das war's. Merkwürdig. Aber sie hatte dermaßen viel Geld, natürlich auf den Banken, daß sie immer neue Haushaltssachen kaufen konnte. Von Kleidung gar nicht zu reden, die wurde sowieso täglich gewechselt. Der Berg Altkleider in einer Woche von Isabelle war so hoch wie der Eiffelturm. Natürlich nur bildlich gesprochen.

Der Wagen bog in die kleine Straße ein, die an dem Bach vorbeiführte. Isabelle guckte angestrengt aus dem Fenster, nach einer Weile hieß sie den Fahrer an, den Rolls-Royce anzuhalten. Sie stieg aus, und tatsächlich, sie holte ein paar Kieselsteine aus dem Bach und brachte sie erbost zum Auto. »Hier! Diese Drecksteine! Alle müssen raus! Da kann man sich ja mit wer weiß was für Krankheiten anstecken!« Sie meckerte noch etwas während der Weiterfahrt, dann waren wir am Gasthof. Zu, geschlossen! Isabelle warf dicke Steine ins Fenster des ersten Stockes, und siehe da, ein Mann riß das Fenster auf und schrie herunter. »Hey! Hey! Was machen Sie denn da?!« Isabelle konnte hervorragend mit dem Mann korrespondieren, so daß er uns Betten herrichtete in zwei Zimmern, eins für Isabelle und mich, das andere für den Chauffeur.

Ich blieb zwei Tage bei Isabelle, dann hatte ich die Schnauze voll. Mit Verlaub, so ein verrücktes Huhn hält auch ein

Heiratsschwindler nicht aus. Beim besten Willen nicht. Da verzichte ich lieber auf die Kohle. Schnell weg. Sie schrie hinter mir her, ich wäre ein Versager. Soll sie doch. Hauptsache, ich sehe sie nie wieder.

In Barcelona war der Winter hereingebrochen. Mit einem Mal. Gestern noch fast dreißig Grad, heute morgen Eiszapfen an den Rolläden. Und an der Scheibe Eisblumen. Ich hatte kein Öl mehr. Konnte ja nicht ahnen, daß der Winter so schnell kommt. Ich ging mit dem Kanister zur Tankstelle und holte fünf Liter Dieselöl, für mehr hatte ich kein Geld. Die Tarnung war perfekt. Jahrelang konnte ich schon auf eine ziemliche Anzahl von erfolgreichen Heiratsschwindeleien zurückblicken – mit viel Bargeld, das für mich am Ende immer das Wichtigste war, ich hatte Schränke voll Geld gesammelt.
Allerdings war das gesamte Geld jetzt in Belgien in dem kleinen Bahnwärterhäuschen deponiert, zu dem nur ich einen Schlüssel hatte. Das ist noch besser als die vielen verschiedenen Konten. Ja, ich hatte das Häuschen ersteigert. 1983, ganz legal. Es war das billigste Häuschen, das im Umkreis von zweitausend Kilometern zu haben war. Ich benutzte es ausschließlich als Safe. Nie ist jemand hinter dieses Geheimnis gekommen. Das hieß aber, daß ich teilweise, um meine Identität zu verschleiern, wirklich ohne jeden Penny leben mußte. Ich war für die Leute, die in meiner Siedlung wohnten, der arbeitslose und stinkfaule Hernandes Arrabal. Den Namen hatte ich in Anlehnung an einen Pianisten angenommen, der hieß jedoch glaube ich doch anders. Hernando Arrabal. Für diesen Hernando Arrabale kam manchmal auch Post. Die schickte ich mir natürlich selbst. Von hier oder da. Nur, damit die Nachbarn dachten, sie hätten es mit einem normalen Menschen zu tun.

Das Dieselöl war viel teurer als Heizöl, aber, so paradox es klingen mag, ich kann mir kein Heizöl leisten. Es kommt auf die Menge an. Also schüttete ich Öl aus dem Kanister in meinen Ofen. Der bullerte nach einer Weile, aber es stank so, daß ich mich lieber verzog. In der Zeit, wo ich nicht zu Hause war, heizte der Ofen artig die Räume, und wenn ich wieder nach Hause kam, war er ausgegangen. Aber es roch nicht mehr so schlimm. Dafür wurde es schnell wieder kalt. Tagein, tagaus dasselbe Spiel. Jeden Winter. Ich war es leid. Aber ich mußte dieses Spiel mitspielen. Wie heißt es noch so schön: »Bleibe im Lande und nähre dich redlich.«
Der Fahrradladen ein paar Straßen weiter suchte einen, der Speichen einsetzen konnte. Ich hatte das mal gelernt, im Knast. Also bot ich meine Dienste an. Doch mein Gesicht paßte denen wohl nicht, auf jeden Fall bekam ich den Job doch nicht. Scheiß Kapitalistenschweine! Egal, ich konnte ja, wenn ich wirklich Hunger hatte, klauen. Das konnte ich sogar sehr gut, aber es war unter meiner Ehre. Ich bin kein Dieb. Trotzdem ließ ich mich manchmal hinreißen. Ich bin sicher, daß das mit den vielen bunten Sachen zu tun hat, die in den Auslagen der Kaufhäuser liegen. Ich klaute meine Sachen zum Anziehen immer zusammen, das machen eigentlich sonst nur junge Mädchen.

Ich hatte den Knatschgelben fast vergessen. Das Auto stand, besser gesagt lag neuerdings mindestens zehn Häuserblocks weiter Richtung City neben dem Gehsteig geparkt. Als ich heute vorbeiging, fielen mir die vielen kleinen Kratzer zunächst nicht auf, doch als ich mich kurz umdrehte, sah ich sie. Ich wechselte die Straßenseite und lugte verstohlen von der anderen Seite in meinen Wagen hinein. Die Sitze waren zerfleddert, und die Seitenscheibe war, was man vom Gehsteig nicht einsehen konnte, in tau-

send Splitter zerborsten, die jetzt auf dem Sitz lagen. Das Lenkrad war verbogen, und aus dem Benzineinfüllstutzen ragte noch das Ende eines Schlauches, durch den die Scheißtypen Sprit geklaut hatten. Schöne Scheiße. Wegen der Versicherung. Die zahlen doch nichts bei Vandalismus. Das hatte mir bestimmt ein neidischer Nachbar angetan. Ich konnte mich aber nicht weiter an der Stelle aufhalten und ging in die Stadt. Ich schaute mich nicht mehr um. Wenn jemand bemerkt hätte, wie ich den Wagen musterte, konnte er mir aus dem Gesicht ablesen, daß ich eine Beziehung zu dem Fahrzeug hatte. Der geilste Wagen in ganz Barcelona. Ausgerechnet mir gehörte er, und ausgerechnet mir wurde er zerdeppert. Wenn das kein Zufall ist. Ich beschloß insgeheim, den Wagen in der Nacht abzuholen und ihn heimlich im vierten Gang leise nach Valencia zu bringen, wo ich einen Automechaniker kannte, der wußte, wie man mit Lambos umgeht.
Die Fahrt nach Valencia war das reinste Abenteuer. Da ich kaum Benzin im Tank hatte, hielt ich, wenn es bergab ging, die Kupplung durchgetreten und ließ den schweren Sportwagen ohne Motor in die Tiefe gleiten, immer auf der Hut, schnell noch mit aller Kraft bremsen zu können, denn ohne den sich drehenden Motor versagt die Servobremse und natürlich auch die Lenkhilfe. Ich schwitzte mich kaputt. Die Serpentinen hinter Tarragona machten aus mir ein Tier. Ich kämpfte. Gegen die Schwerkraft und gegen den inneren Schweinehund. Endlich, nach sechs Stunden und hoher Geschwindigkeit – wenn es geradeaus ging und die Bahn frei war, ließ ich den Wagen kochen –, sah ich die Leuchtreklamen von Valencia in den Himmel ragen. Der Mechaniker wartete an der Straßenecke, es war kalt. Die Sonne war noch versunken, als der Mann sich mit laut durch den Vorort hallenden Hämmerschlägen an die zerbeulte Karosserie machte. Ich setzte mich solange

in ein Café und bestellte einen Cafe duro und ein Pan de dulce. Dazu rauchte ich eine ganze Schachtel Celtas.
Der Wagen war abends fertig, zwar nicht ganz fachgerecht gedengelt, doch hatte der Mann sich wirklich Mühe gegeben. Doch als ich den schweren Sportwagen gestartet hatte und die Heimreise antreten wollte, geschah das, was immer passieren muß, wenn man keine Zeit hat und seine Geldmittel am Ende sind: Kolbenklemmer. Schöne Scheiße. Ich hatte es satt. Ich stellte die Kiste am Straßenrand ab und legte ein Warndreieck unter die Heckscheibe.
Dann machte ich mich auf den Weg zum Bahnhof. Der Zug nach Barcelona war gerade weg. Ich wartete zwei Stunden, dann kam eine Durchsage, daß aufgrund von Terrorwarnungen heute keine Züge mehr verkehrten. Schöne Scheiße. Also blieb ich in Valencia.

XV

Die Vietnamesin schüttete den Tee von hoch oben in die Tasse. Das muß man können, dachte ich. Dabei lächelte sie mit zerkrauster Stirn. »Gracias, Señorita!« Sie versteckte sich wieder hinter ihrem Tresen. Die vietnamesische Küche ist die einzige, die als Fastfood für mich in Frage kommt. Wegen der Glasnudeln. Ich mag Glasnudeln. Sie werden aus Reis gemacht. Widersinnig. Ich schüttete mir den halben Topf Sambal ölek auf die Nudeln und ließ das Zeug auf dem Gaumen brennen. Dazu trank ich den Tee, so heiß, wie er nun mal war. Jasmintee. Fast klar. Ein paar Blättchen von irgendeiner Pflanze drin. In Chinatown in Barcelona aß ich auch gerne Vietnamesisch.
Da ich jetzt ein paar Tage frei hatte, überlegte ich mir, auf die Balearen hinauszufahren und dort mal zu schauen, ob es nicht etwas zu heiraten gibt, nur so nebenbei. Ich löste ein Ticket für die Fähre. Mit dem Flugzeug geht es auch, aber ich hatte keine Lust, zum Flughafen zu fahren. Also verbrachte ich die nächsten acht Stunden auf der Ciudad de Valencia, ein hochseetaugliches Fährschiff, das allerdings in sehr unruhige See geriet.
Mir war schlecht, und ich übergab mich über die Reling ins Meer. Sollen die Fische auch mal etwas Besonderes bekommen, dachte ich, denn mein Humor war allgegenwärtig. Das ist überhaupt so etwas, ich kenne nur wenige Leute, die solch einen ausgeprägten Humor haben. Lachen kann ich über zum Beispiel ganz normale Sachen,

wie wenn einer ausrutscht. Oder die Einkaufstüte platzt, weil das Bier so schwer ist. Darüber könnte ich mich beömmeln.

Ibiza war traumhaft schön, leider zerstörten die vielen Touristen die Idylle. Ich ließ mich von einem Taxi zum Playa de Salinas bringen, FKK. Alle nackt. Ich versteckte mich hinter einem stachligen Strauch und entkleidete mich. Ich wollte nicht, daß jeder sofort meine lange Narbe sieht, die ich von einem Haibiß hatte. 1976 war ich schwimmen, in der Ägäis, das heißt in Griechenland. Ich war mit dem Motorrad dahin gekommen, bei einer Reise durch Europa, das war damals modern. Über Jugoslawien. Eine unmögliche Strecke, aber ich wußte ja vorher nicht, wo ich da langfahre. Der starke Gegenverkehr durch Jugoslawien war lebensgefährlich, ich sah die schlimmsten Unfälle. Ein Lkw war mit hoher Geschwindigkeit auf die Gegenfahrbahn geraten und hatte mindestens zehn Personenwagen unter sich begraben, bevor er zum Stehen kam. Der Fahrer stieg unverletzt aus, sah sich um, entdeckte die vielen brennenden Autowracks mit den schreienden Menschen und reckte sich, gähnte, war eben eingeschlafen und jetzt sauer, daß man ihn geweckt hatte. Furchtbar.

In Griechenland entdeckte ich meine Leidenschaft für das Tauchen. Eigentlich Schnorcheln. Ich hatte das in Spanien merkwürdigerweise nie ausprobiert. Und da geschah es, ich schwamm wohl etwas zu weit raus und wurde von einer Gruppe Haien in Schach gehalten, die mir wegen einer klitzekleinen Beinverletzung – ich hatte einen Seeigel nur gestreift – auf die Spur gekommen waren. Einer griff sofort an, ungewöhnlich, denn Haie »schnuppern« erst lange, bevor sie entweder friedlich abziehen oder, und das ist die Ausnahme, plötzlich angreifen. Der Hai drehte sich, während er auf mich zuschoß, blitzschnell auf den Rücken und kam mit weit geöffnetem Maul auf mich zu.

Seine vielen hundert Zähne versprachen nichts Gutes, als er seine Kiefer in meinen Bauch klappte. Ich konnte mich irgendwie befreien, der Hai war nicht sehr groß, aber darauf kommt es nicht an.
Genau wie in der Liebe. Jetzt, Jahre später, denke ich manchmal an dieses Ereignis und wie es sein konnte, daß die anderen Haie passiv blieben. Ich mußte wohl einen Schutzengel gehabt haben, denn ich konnte an Land schwimmen, ohne daß ich Probleme bekam. Im Krankenhaus sagte man mir, es wäre um Haaresbreite gewesen.
Auf jeden Fall verbrachte ich den Morgen – denn die Fähre war erst morgens um sechs Uhr dreißig in Ibiza Stadt angekommen – am Strand und schlief. Eine Sünde, denn als ich erwachte, brannte meine Haut wie Feuer. Die Sonne stand hoch am Himmel, und der Sonnenbrand ließ mich zur nächsten Apotheke taumeln, etwas gegen Sonnenallergie besorgen. Die Apothekerin bestand darauf, daß ich mich im Hinterzimmer etwas hinlegte, sie wollte mich einreiben. Na gut. Ich ließ es zu. Warum nicht. Sie sah ganz gut aus. Ob ich schon etwas einstielen konnte bei ihr? Ich mußte unwillkürlich schmunzeln. Da kam ihr Mann die Treppe herunter, und ich verabschiedete mich sofort von diesen dummen Gedanken. Doch die Salbe half ganz gut.
Ich wankte mehr recht als schlecht in die Stadt, nach San Antonio. Die Altstadt, die ja eigentlich keine ist, war voll von Läden und Bodegas, wo man Wein aussuchen konnte und an Ort und Stelle auch verzehren, dazu reichte man auch altes Brot. Damit man die verschiedenen Weine auseinanderhalten kann bei der Weinprobe, sollte man zwischendurch etwas knabbern.
Ein Bordstein mußte wohl locker gewesen sein, ich stürzte plötzlich und unvermittelt, konnte mich nicht mehr halten, fiel auf die Straße. Ein Auto konnte nicht mehr rechtzeitig anhalten, und ich wurde von dem rechten Kotflügel

erfaßt. Ein Schlag in meine Hüfte und dann ein Flug bis zur Einmündung der nächsten Straße, mehr bekam ich nicht mehr mit. Im Krankenhaus wachte ich mit einem dicken Gipsverband auf, und mein Schädel brummte. Ich sah in den Spiegel und erschrak. Das sollte ich sein! Beide Augen waren dick blau unterlaufen, fast schwarz, und aus der Nase vertrocknetes Blut. Um den Hals hatte ich eine dicke Wurst aus Schaumstoff, wie eine Halskrause. Gehen konnte ich auch kaum, obwohl da ein Stock stand. Ich schleppte mich auf den Flur und dann bis zur Raucherecke. Hier fühlte ich mich wohl, ich war nicht der einzige, der rauchte. Dicke Rauchschwaden stiegen an die niedrige Zimmerdecke der Raucherecke, und der Fernseher lief, Sport. Toller Ausflug. Der Autofahrer war aufs Gaspedal gestiegen, und keiner hatte seine Autonummer aufgeschrieben. Toller Ausflug.

XVI

Ich kam zusammen mit vielen anderen Fans des Stierkampfes in Bordeaux an, war mit dem Zug gefahren. Der Stierkampf ist hier anders als in Spanien, die Franzosen machen das nicht so drastisch brutal, sie lassen die Stiere leben zum Beispiel. Unmöglich, finde ich, aber die Frauen stehen drauf. Jedes Jahr fuhr ich nach Bordeaux und besuchte mal hier, mal da ein paar von diesen Stierkämpfen. Sogar der großartige El Cordobes trat manchmal noch auf, zwar stark gealtert, aber er hatte eine riesige Fangemeinde. Ich als Spanier mußte schon als kleiner Junge zum Stierkampf, es war Pflicht. Und auch in Pamplona hatte ich als Jugendlicher getrunken und mit den Stieren gefeiert, die die Straßen heruntergejagt wurden. Auch hatte ich einmal ein derbes Zusammentreffen mit einem jungen Stier, die Hölle tat das weh, ich landete aber nicht im Krankenhaus wie viele andere an jenem Sommernachmittag.

Jetzt also die Corrida in einem kleinen Vorort von Bordeaux. Die Arena war brechend voll, fast zehntausend Menschen drängten sich in der kleinen Arena. Ich sah, wie ein paar wohl beliebte Leute auf der Ehrentribüne Platz nahmen, denn das Volk jubelte, und sie winkten freundlich, weiß nicht, wer das war, vielleicht Politiker oder der Bürgermeister mit seiner Frau. Später erfuhr ich, daß es sich um einen ehemaligen, in Frankreich sehr bekannten Turner handelte, die lieben ja das Turnen. Und setzte sich da nicht auch gerade Michel Platini hin, der bekannteste

Stierkampf

Fußballstar? Tatsächlich, er war es, viele Menschen winkten zu ihm herüber und applaudiertem ihm, obwohl er keinen Ball hatte. Ich begann, mich auf den Stierkampf zu konzentrieren. Zuerst kamen die jungen Leute, die den Stier müde machen und immer wieder herausfordern mit wilden Drehungen und Sprüngen, dann rannten sie schnell über den Platz und der Stier hinterher, die Menge johlte. Dann kamen der Matador und ein paar hoch zu Roß sitzende Gestalten, und auch der Torero. Er war die Hauptattraktion, er brauchte nur in die Arena zu stolzieren mit seinem außergewöhnlich durchgedrückten Becken, und die Menge grölte und schrie, daß man sein eigenes Wort nicht mehr verstehen konnte.

Der Stier war geduldig und wartete, bis es ein wenig Ordnung gab, dann stürzte er sich mit unglaublicher Kraft direkt auf den Torero, als wüßte er, daß es nur um diesen ginge. Die Pferde wichen zur Seite, die Reiter drängten sie wieder dicht an den Stier heran, einer steckte seine Lanze in den Stier, von oben, die Menge brüllte, der Torero hechtete in letzter Sekunde zur Seite, und der Stier drehte sich blitzschnell um sich selbst, dann senkte er seinen Kopf und riß dem Pferd die Seite auf, daß das Gedärm herauskam, die Decke konnte es nicht verbergen. Die Zuschauer buhten, der Torero schritt stolz an der Bande entlang und schaute den Stier von der Seite schräg an, so daß der Stier sich erschrak. Als der Stier wegrennen wollte, sprang der Torero hinterher und machte Grimassen, der Stier drehte sich dann doch noch einmal um und rannte über den Torero drüber weg, der schrie, und Blut floß in Strömen aus seinem zertretenen Bein.

Die Menge rastete völlig aus jetzt, und die Dame neben mir ließ sich schluchzend in meinen Schoß fallen. Ich hatte es geschafft.

Zweitausendeins-Laden
Kornmarkt 14
60311 Frankfurt
Tel. 069/291536
WWW.ZWEITAUSENDEINS.DE

Es bediente Sie Verkäufer Team
05.12.2009 16:06:16
Rechnung 0004010560172

Artikel	Preis		Betrag
SCHNEIDER,MEMOIREN	2.50	1	2.50

Anzahl Artikel	1
Subtotal	2.50
Total EUR	**2.50**
Kasse Frankfurt	2.50

Mehrwertsteuer - MWSt.-Nr. 047 249 90094

1	MWST 7%	2.50	0.16	2.34

Vielen Dank für Ihren Einkauf

0004010560172

Ich ermächtige hiermit das umseitig genannte Unternehmen, umseitig ausgewiesenen Rechnungsbetrag von meinem durch Konto-Nummer und Bankleitzahl bezeichneten Konto durch Lastschrift einzuziehen.

Ermächtigung zur Adressenweitergabe

Ich weise mein Kreditinstitut, das durch die umseitig angegebene Bankleitzahl bezeichnet ist, an, bei Nichteinlösung der Lastschrift oder bei Widerspruch gegen die Lastschrift dem Unternehmen oder einem von ihm beauftragten Dritten auf Aufforderung meinen Namen und meine Anschrift mitzuteilen, damit das Unternehmen seinen Anspruch gegen mich geltend machen kann.

....

Unterschrift (Betrag siehe Vorderseite)

* *

Ermächtigung zum Lastschrifteinzug

Ich ermächtige hiermit das umseitig genannte Unternehmen, umseitig ausgewiesenen Rechnungsbetrag von meinem durch Konto-Nummer und Bankleitzahl bezeichneten Konto durch Lastschrift einzuziehen.

Ermächtigung zur Adressenweitergabe

Ich weise mein Kreditinstitut, das durch die umseitig angegebene Bankleitzahl bezeichnet ist, an, bei Nichteinlösung der Lastschrift oder bei Widerspruch gegen die Lastschrift dem Unternehmen oder einem von ihm beauftragten Dritten auf Aufforderung meinen Namen und meine Anschrift mitzuteilen, damit das Unternehmen seinen Anspruch gegen mich geltend machen kann.

....

Unterschrift (Betrag siehe Vorderseite)

* *

Ermächtigung zum Lastschrifteinzug

Ich ermächtige hiermit das umseitig genannte Unternehmen, umseitig ausgewiesenen Rechnungsbetrag von meinem durch Konto-Nummer und Bankleitzahl bezeichneten Konto durch Lastschrift einzuziehen.

Ermächtigung zur Adressenweitergabe

Ich weise mein Kreditinstitut, das durch die umseitig angegebene Bankleitzahl bezeichnet ist, an, bei Nichteinlösung der Lastschrift oder bei Widerspruch gegen die Lastschrift dem Unternehmen oder einem von ihm beauftragten Dritten auf Aufforderung meinen Namen und meine Anschrift mitzuteilen, damit das Unternehmen seinen Anspruch gegen mich geltend machen kann.

XVII

Der Ausflug hatte sich gelohnt. Es handelte sich um eine reiche Französin, die in staatlichen Devisen machte. Ich nahm sie mit ins Hotel, weil sie fürchtete, daß ihr Mann, den sie vor Wochen rausgeschmissen hatte, wegen Fremdgehen, gerade heute in ihr Haus eindringen könnte, um ihr etwas anzutun.
Ich gab mich als spanischer Einzelhandelskaufmann aus, der eine Tante in Bordeaux hatte, die bettlägerig wäre. Sie hat auf diese Mitleidstour gut reagiert, sie fragte nämlich, ob sie vielleicht mit Geld helfen könnte. Sie war also sehr freizügig. So unterbreitete ich ihr den Vorschlag, ihr Geld besser in private Wertpapiere anzulegen, denn wenn sie immer so damit umgehen würde, wäre sie am Ende die Leidtragende. Das verstand sie, und sie himmelte mich an. Ich sah heute aber auch sehr gut aus. War extra beim Barbier gewesen vorher. In San Sebastian. Auch ein schöner Ort. Am Atlantik sind die Leute anders als am Mittelmeer. Zwar nicht so lustig, aber sie haben das bestimmte Etwas. Was, weiß ich nicht. Das Bier schmeckt nicht in Frankreich, es ist ein reines Weinland. Davon gibt es wahrlich mehr als genug. Der rote Bordeauxwein aus der Gegend um Bordeaux war der beste Wein, den ich je getrunken habe.
Ich blieb eine Weile in Frankreich, die Dame wollte mich später besuchen kommen in Spanien, wenn sie Urlaub hätte, ich sollte ihr meine Adresse geben. Na klar, natürlich bekam niemals eine Frau meine wirkliche Adresse. Ich

gab ihr die Adresse von König Juan Carlos. Sie bedankte sich, und sie freute sich schon auf den Urlaub. Ich kippte täglich mehrere Flaschen, die Dame auch.
Nach zwei Wochen bekam ich von dem vielen französischen Weißbrot Zahnschmerzen. Sie ging mit mir zum Zahnarzt. Der brach mir einen Weisheitszahn ab und pulte dann mehrere Stunden an der Wurzel herum, bevor er mir die siebenundzwanzigste Spritze gab und den Rest mit einer Art Miniaturschaufel aus dem Zahnfleisch pickte. Diesen Zahnarzt werde ich nie vergessen. Er mich wohl auch nicht. Ich steckte ihm aus Wut über die Behandlung anschließend seinen vor der Tür geparkten Porsche in Brand. Hatte keiner gesehen. Die Dame bekam es wohl mit, meinte aber, das hätte sie auch getan. Ich verstand mich eigentlich ganz gut mit ihr, deshalb war es für mich auch schlimm, Schluß zu machen. Als sie wieder einmal besoffen war, ließ ich sie einige Barschecks unterschreiben, damit ich endlich abhauen konnte.
Der Stierkampf brachte mir dieses Jahr mehr als sechshunderttausend Euro ein. Steuerfrei. Es finden sich immer bei einem Stierkampf solche Frauen, man muß nur den richtigen Riecher haben. Wenn eine nicht von Anfang an so riecht, als käme was dabei herum, Finger weg. Das wird nichts. Bei Jaqueline hatte ich mich nicht getäuscht. Außerordentlich lukrativ, die Sache. Aber jetzt ab zurück nach Hause. In meine muffige Bude. Egal, ich hatte mir diesen Beruf ja selber ausgesucht. Und ich war zufrieden.
Ich brachte das Geld noch zur Post, damit es nach Belgien geschickt würde. Ich wollte nächste Woche nach Belgien, um das Geld in dem kleinen Häuschen zu verscharren. Die Rückreise nach Barcelona war langweilig, ich fror und las Mickymaus-Hefte. Der Zug war nicht voll.

XVIII

Wenn ich mein Leben aus heutiger Sicht beobachte und nachvollziehe, fällt mir auf, daß dieses Leben sicherlich an manchen Tagen sehr langweilig war, weil man sich seines Lebens nicht erfreuen kann, wenn man Dinge tut, die man eigentlich nur von Berufs wegen verantworten kann, sein Herz aber nicht mitspielen will. Deshalb mußte ich andauernd einen Prozeß des Verdrängens mitmachen. Ach, die vielen Frauen, die mir in meiner Karriere begegnet sind, wie habe ich ihnen nur böse mitgespielt. Aber wie ich eingangs schon erwähnte, manchmal wollten die Opfer das doch! Sie hätten sich doch sonst nicht solch derart mißlichen Situationen hingegeben. Und das alles ohne Sex!
Während ich hier in meinem Zimmer sitze und so darüber nachdenke, was ich falsch gemacht habe im Leben, kommt die Müllabfuhr. Bin ich Müll? Nein. Das weise ich entschieden von mir. Bloß, weil ich Frauen ihre Wünsche vorgelebt habe, bin ich noch lange kein schlechter Mensch. Es stimmt. Ich bin eigentlich gut. Schade, daß ich das nicht jeder einzelnen noch im nachhinein sagen kann. Sie würden sich sicherlich freuen.
Genug Vergangenheitsbewältigung. Die Müllabfuhr war im Begriff, weiterzufahren, und ich hatte den Müll noch nicht rausgebracht. Schnell, die Treppe runter mit dem Beutel. Ich warf meinen Müll in hohem Bogen quer über die Straße und traf zum Glück noch in die Klappe des Müllwagens. Schnell holte ich mir eine Schachtel Ziga-

retten, dann sprang ich wieder die Stufen hoch in meine Bude. Die Vorhänge waschen, das könnte ich mal machen. Es gibt dafür ja einen Service in der Parallelstraße der Ramblas. Ich riß die graugrünen, schäbigen Stores von der Schiene und schwang sie mir über den Arm, dann verließ ich schwitzend das Haus.
In der Straßenbahn versteckte ich mich hinter dem Stoffballen, denn ich sah eine Frau, die ich vor langer Zeit einmal richtig abgezogen hatte, sie war nun schaurig anzusehen, ich hatte ihr alles genommen. Ich lugte durch den Stoff hindurch und erkannte sie. Sie mußte jetzt so um die sechzig sein, sah aber aus wie eine Hundertjährige. Die Falten in ihrer Haut hatten sich verselbständigt, die Figur hatte die Form eines krumm gebogenen Spazierstocks, und ihre Kleidung war billigste Machart, Secondhand oder Rotes Kreuz. Die Haare, sofern sie noch vorhanden waren, flogen aufgeregt um lichte Stellen auf der Kopfhaut, wie Fusel.
Doch ihre Augen blickten wach in die Welt. Deshalb versteckte ich mich auch weiterhin, denn sie hätte mich bestimmt erkannt. Es war ja auch noch gar nicht so lange her, daß ich mit ihr zusammengetroffen war. Es war hier in Barcelona gewesen, wir hatten ein paar schöne Tage, für sie schön, aber auch für mich, denn ich hatte das viele Geld im Kopf, das sie mir geben wollte, wenn ich sie notariell heiraten würde. Sie war die einzige Überlebende einer sehr reichen Familie, die auf hoher See komplett umgekommen war, bei einem Sturm in der Meerenge von Gibraltar. Jedes Jahr fuhr sie dorthin und schmiß einen Strauß Blumen über das Geländer, wo die Affen herumtollen, ins Meer und betete kurz. Sie brauchte jedoch einen Ehemann, sonst wäre sie nicht an ihre Erbschaft gekommen, das heißt, der Notar hatte bestimmte Anweisungen erhalten laut Testament. Mir war das alles total egal, Hauptsache, die Kohle rollt.

Barcelona, Metroeingang

Sie stieg, wie ich vermutete, an der Calle de Generale aus, da, wo die Heilsarmee ihren Sitz hat. Ich mußte lachen. Groteske Situation. Auf mein Lachen hin drehte sie kurz ihren Hals in meine Richtung, war aber schon draußen, und als die Bahn weiterfuhr, streckte ich ihr die Zunge heraus, so daß sie das zu sehen bekam. Dann bog die Bahn um die Ecke, und sie war von der Riesenstadt verschluckt. Kaum zu glauben, wie schnell ein Mensch runterkommen kann. Ich glaube, wenn man in unserer Welt überleben will, muß man sich entweder den Normen anpassen oder zum Außenseiter werden, ein Dazwischen gibt es nicht.
»Hey, Rodriguez! Was machst du in Barcelona, ich dachte, du wärst nach Deutschland gegangen?!«
Die Stimme kannte ich, ich drehte mich um. Es war Jose Manuel, ein befreundeter Tanzschullehrer aus Sevilla. Jose Manuel war 1972 derjenige gewesen, der mir Tanzunterricht gegeben hatte. Wir waren gut befreundet, und ich hatte ihm damals erzählt, ich gehe nach Deutschland, wegen Franco, das Regime in Deutschland wäre viel besser als in Spanien. Und die Deutschen suchten damals Facharbeiter. Ich konnte schweißen, alle Arten, sogar Argon, auch Aluminium. Tanzflächen aus Aluminium waren der große Renner zu der Zeit, auch heute sieht man ausschließlich solche Aluminiumtanzflächen in den Discotheken der Welt. Bis nach Amerika brachte mich mein Job in Deutschland.
Ich hielt es aber nur ein Jahr aus, das Wetter. Spanien ist wärmer. Stellt euch vor, es wäre umgekehrt mit dem Tourismus, und die Spanier kämen nach Deutschland, um sich im Badeanzug an die Straßen zu setzen, bei fünfzehn Grad im Schatten einen Sangria zu trinken und sich von seiner Frau den Rücken einreiben zu lassen. Unmögliche Vorstellung.
 Ich ging mit Jose Manuel in die nächstgelegene Bode-

ga, und wir tranken bis zum Umfallen. Er bezahlte alles, denn ich gab zum Schluß plötzlich bekannt, daß ich mein Portemonnaie, wahrscheinlich in der Straßenbahn, liegengelassen hätte. Er wollte unbedingt mit mir suchen, in allen Straßenbahnen. Das ist echte Freundschaft, aber ich gab ihm zu verstehen, daß da nicht viel drin gewesen sein könne, denn ich wäre pleite, seit Wochen wäre ich bei der Arbeit nicht mehr ausbezahlt worden, die Firma vertröstete ihre Mitarbeiter ständig, weil sie finanziell auf dem Zahnfleisch ging.

»Ja, Rodriguez, was machst du denn, ich meine, wo arbeitest du denn?«

Er interessierte sich plötzlich für meinen Beruf.

»Ich bin Mitarbeiter bei einer Firma, die praktisch für die Umwelt arbeitet, wir stellen solche Stempelmaschinen her, womit man Hühnereier bedruckt, wegen des Haltungsdatums.«

Ich wäre für die Akquise zuständig, das heißt das Ansprechen von Bauern auf ihre Hühner. Ich müßte die Bauern auch überreden, Bodenhaltung für Hühner erträglicher zu machen, das heißt nicht nur 6 mal 12 Zentimeter pro Huhn Wohnfläche, sondern 8 mal 12. Das wäre für die Hühner schöner. Jose Manuel bekam Tränen in die Augen, als ich ihm erzählte, wie diese Hühner leiden müssen und daß die Regierung schuld ist. Und jetzt hätte ich kein Geld mehr, obwohl ich mich für die Allgemeinheit abnütze. Er gab mir schluchzend einen Packen Euroscheine, die ich gespielt zaudernd dann doch annahm. Schnell weg. Ich rannte los. »Die Bahn! Ich muß!« Er winkte zum Abschied. Eine willkommene Begegnung.

XIX

Das Bahnwärterhäuschen lag im Schatten einer riesigen Kastanie. Die Lichter tanzten am Himmel. Wie riesige Scheinwerfer leuchteten sie den Himmel ab. Es kam von einer nahe gelegenen Discothek. Die Musik war bis hierher zu hören. Eine laut stampfende Geräuschkulisse für ein herzzerreißendes Schauspiel. Ein Mann riß verzweifelt die Fensterläden des kleinen Bahnwärterhäuschens auf und fluchte. Was hatte man ihm angetan! So genau er auch das gesamte Inventar des kleinen Häuschen durchstöbert hatte, es war kein einziger Geldschein mehr zu finden. Jemand mußte in das Häuschen eingebrochen sein und alles Geld herausgenommen haben. Der Mann war von weit her gekommen, um sein in Jahrzehnten zusammengetragenes Vermögen gerade heute mitzunehmen, das er hier so lange aufbewahrt hatte, wie er glaubte, bombensicher. Aber gerade heute morgen waren ihm andere zuvorgekommen.
Was für ein schicksalhafter Tag. Er wollte doch bereits gestern nach dem Geld sehen, doch die Discothek war so einladend, daß er zunächst dorthin ging, um eine Nacht durchzutanzen schon in der Vorfreude, jetzt endlich in Rente gehen zu können. Sein Beruf: Heiratsschwindler. Sein Name: Ich. Ja, es handelt sich jetzt um mich selbst, wenn das noch keinem aufgefallen ist. Hatte ich mich gestern in der Discothek verplappert? Was war in meiner Cola? Die Polizei schaltete ich aus bestimmten Gründen nicht ein. Wie sollte ich beweisen, daß so viel Geld in dem

Häuschen war? Woher sollte es wohl stammen? Da stand ich nun mit leeren Händen. Jahrzehntelang gespart, mir ein Leben in Armut zurechtgelogen, die vielen Frauen, die ich unterhalten habe, mit Geschichten, Musik und Zärtlichkeiten, alles futsch. Mein Leben war ein Scherbenhaufen. Ich schaute an mir herunter. Meine Hose begann sich aufzulösen, und die Schuhe waren an den Sohlen aufgegangen. Die Jacke hing schief von den Schultern herunter, und meine Haare waren fettig. Unrasiert. Kein Geld für Rasierklingen. Nichts. Und eine Fahne von dem Restalkohol aus der Disco.
Verdammte Scheiße, wie soll ich denn weiterexistieren? Ich sah mich schon in der Fußgängerzone von Barcelona sitzen, auf einer Pappe, und die Hand ausstrecken nach Kleingeld. Nein, dafür war ich zu stolz. Ich mußte wohl oder übel einen anderen Weg einschlagen. Vielleicht konnte ich heute nacht noch in einem Lager für Anziehsachen oder so einbrechen und einen schönen Anzug in meiner Größe finden, dazu Schuhe und Hemd, und morgen früh zum Friseur gehen, das Geld dafür würde ich schon irgendwie organisieren, Zigaretten drehen für Raucher oder Mehlsäcke schleppen in einer Mühle, das geht in Belgien. Wunderschöne Windmühlen gibt es dort, auch in Holland. Ich konnte ja ein bißchen Gitarre spielen, das war die Idee!
Ich schlief diese Nacht in einem klimatisierten Kaufhauseingang und ließ mich vom Geschäftsführer wecken, dann ging ich in die Fußgängerzone von Antwerpen und hatte innerhalb von zwanzig Minuten eine Gitarre, die ich einem Schüler klaute, unterm Arm, stieg in den Zug nach Rotterdam. Hoffentlich kam kein Schaffner. Ich hatte Glück. In Rotterdam sang und spielte ich spanische Folklore in der Fußgängerzone. Die Leute standen auf so etwas. Ich sammelte förmlich Geld, am Nachmittag war ich nicht mehr

bettelarm, ich hatte genug, um mir einen Anzug zu kaufen und die Haare machen zu lassen. Als ich wieder stadtfein war, begab ich mich dahin, wo sich Frauen herumtreiben, Parfümerien und Designermodegeschäfte, Schuhläden usw. Mein einnehmendes Lächeln fiel auf. Schon nach kurzer Zeit war ich nicht mehr allein.

Warum ich eine Gitarre mithatte, wollte sie wissen.

»Ich bin Musiker, ein sehr bekannter, aber der Name wird Ihnen nichts sagen, mein Fräulein!«

»Aber wieso, wer sind Sie denn, wenn ich einmal fragen darf?«

Ich ließ mir einen Phantasienamen einfallen. »Mein Name ist Claudio Manu de la Plates Arrivan!«

Sie freute sich, einen so bekannten Gitarrespieler kennengelernt zu haben. Nachdem wir einen Kaffee bei Mövenpick getrunken hatten, lud ich sie zu einem Spaziergang durch die Innenstadt ein, daß ich meine wertvolle Gitarre – »sie ist mir mehr wert als Gold!« hatte ich noch gesagt – einfach in der Gastwirtschaft in der Ecke stehen ließ, bemerkte sie nicht. Dafür war sie zu verschossen in mich. Ich sah aber auch umwerfend aus in dem neuen Anzug, fand ich, nachdem ich mich in einem Schaufenster vorbeigehen gesehen hatte.

Wir gingen den ganzen Tag spazieren. Abends hätte ich eine Vorstellung, sagte ich. Sie wäre so gerne mitgekommen zu dem Konzert, zudem es das einzige Konzert in ganz Europa war, wie ich ihr glaubhaft versicherte, aber ich erklärte ihr, daß ich nicht spielen könnte, wenn Bekannte oder gar Verwandte im Konzertsaal säßen, schon gar nicht aber jemand, in den ich mich verliebt haben würde.

Sie wurde rot, als ich ihr so offen meine Gefühle zeigte. Das ist übrigens das A und O bei meiner Arbeit. Echte Gefühle müssen gekonnt dargestellt werden. Ich verabredete mich mit ihr zum nächsten Tag. Ich wollte herausfinden, ob sie für mich lukrativ genug wäre, deshalb hatte ich vor, ihr heute abend unerkannt nachzugehen und zu schauen, in welchem Umfeld sie lebt. Vielleicht war es ja nur ein kleiner Fisch. Sie hatte allerdings damit geprahlt, daß ihr Vater Bankier wäre und sie zu Hause mehrere Mastinos hätten, italienische Kampfhunde mit graublauem Fell. Kurzhaar, ich hatte noch nie solche Hunde gesehen. Ich wußte auch nicht, wie groß sie waren.

Nachts stieg ich über den Zaun des langgezogenen Gebäudes, um mir das Haus mal von der Nähe anzuschauen, in dem sie anscheinend mit ihrem Vater allein wohnte. Und richtig, ein alter Mann saß im Rollstuhl, und neben ihm lagen drei riesengroße, gefährlich aussehende Hunde. Ich durfte kein Geräusch machen, hatte sowieso schon das Gefühl, daß die Hunde mich wohl bemerkt hätten, nur nicht Laut gaben, weil sie gerade zu fressen bekamen. Auf Zehenspitzen verließ ich den Garten und schwang mich über die Hecke und die Absperrung auf die Straße.

Ein Schatten pellte sich aus der Einfahrt. Ein Bodyguard kam auf mich zu. Er packte mich derb an der Schulter und verdrehte sie. Ich schrie kurz auf vor Schmerz. Er lächelte, hielt meine Schulter eisern umklammert.

»Was wollen Sie hier, Sie? Habe ich gerade richtig gesehen, sind Sie etwa über diese Hecke gestiegen?« Und noch einmal drehte er an der Schulter.

»Ja, das heißt nein, ich habe gestern Federball gespielt mit meinem Jungen, er ist acht Jahre alt und hatte Geburtstag. Ein Federball flog hier über den Zaun, der Junge weinte so, ich habe ihm versprochen, den Federball zu holen, sonst kann er nicht einschlafen, wir wohnen dort!« Ich zeigte in eine Richtung, in einem Haus ging gerade das Licht an.

Der Bodyguard glaubte mir. »Na gut, so eine rührende Geschichte kann man nicht einfach so erfinden. Also, haben Sie den Federball gefunden?«

»Ja, hier, schauen Sie, da ist er!« Ich zeigte ihm den Federball, den ich aus der Manteltasche zog. Er nickte und ging zurück an seinen Platz.

Ich habe immer einen Federball dabei. Ein sauberer Trick: Hier war viel Geld im Spiel. Wenn die schon Bodyguards hatten und drei Hunde solchen Ausmaßes. Kathleen hieß sie. Die Mutter war nach der Geburt abgehauen, weil der Vater sich ausschließlich für Golf und Autos interessierte. Sie ließ sich ihre Freiheit gut bezahlen, hatte jeglichen Kontakt zu der Familie abgebrochen, das Kind war ihr schnurzegal. Daß es so etwas gibt.

»Das gibt es doch gar nicht, Kathleen!« Ich konnte meinen Schock über ihr Schicksal gut darstellen. Sie schluchzte und bedankte sich für mein Mitgefühl. Die Geschichte, die sie mir erzählte, hörte sich für einen Mann sicherlich haarsträubend an, aber was weiß die denn, wieviel solcher Geschichten und Geschichtchen ich in meiner Laufbahn anhören mußte, immer mit der Hand an dem kleinen Glyzerinfläschchen in meiner Jackentasche.

Manchmal ist mir mein Beruf wirklich zuwider. Dieses ewige Sichverstellen hatte tiefe Narben in meiner Seele hinterlassen. Ich verstellte mich bisweilen sogar, wenn ich beim Metzger ein Kotelett kaufte. Dem Metzger fiel auf, daß ich weinte, und er sprach mich daraufhin an: »Sie haben ja eine Träne im Auge, Señor Faszanatas!«

»Ja, ich denke gerade darüber nach, wieviel von dem Schwein noch verkauft wurde und daß es vielleicht noch leben könnte, weil ich vielleicht der einzige bin, der gerade von diesem Schwein etwas haben will, oh, es ist so furchtbar! Geben Sie mir zwei von den schönen Koteletts, ich habe Besuch!«

Der Metzger zeigte Mitgefühl und schaute traurig, dann hackte er ein weiteres Kotelett von dem Restschwein ab.

 Kathleen brachte sich in der darauffolgenden Woche um,

weil ich ihr gesagt hatte, daß ich extra für sie eine Ballade komponieren würde, weil ihr Leben so traurig ist. Ich weiß nicht genau, ob das der Anlaß war, aber sie vermachte mir ihr gesamtes Hab und Gut, wobei ich vergaß zu erwähnen, ihr Vater war vorige Woche die Treppe heruntergefallen, auch heute morgen an einem späten Hirnschlag verstorben und hatte wiederum ihr alles vermacht. Zwar erschien die Mutter von Kathleen noch auf dem Notariat und war höchst erbost über das Testament ihrer Tochter, doch konnte sie nichts daran ändern und mußte einem gutgelaunten Rodriguez Faszanatas alias Hernandes Arrabal ins Gesicht schauen, der soeben die Papiere für die Annahme der Riesenerbschaft unterschrieb.

Jetzt war ich wieder reich. Und zwar vierzig Millionen Euro schwer. Das Geld würde sicherlich nicht so schnell zur Neige gehen, es ist ja sehr viel. Doch als es zur Auszahlung der Summe gehen sollte, stellte man mir die Bedingung, daß ich von Stund an auch die Geschäfte der Firma leiten sollte, denn sonst hätte ich keinen Anspruch. Das war firmenintern zusätzlich geregelt, ohne daß der Anwalt des Bankiers hinzugezogen worden war. Das ist in Holland üblich. Ich verzichtete. Eine Bank zu führen war für mich nicht drin. Die würde sowieso nach zwei Wochen Konkurs anmelden, und ich war nicht mehr der, der ich früher war, früher wäre ich mit diesem Deal einverstanden gewesen. Jetzt war ich älter geworden und hatte manchmal das Gefühl, ich wäre doch zu einem anderen Beruf berufen. Vielleicht sollte ich es mal ausprobieren.

XX

»Der Eiermann!«
Ja, Sie hören richtig, ich war Eiermann geworden. Aus dem vierten Stock klang die Stimme einer Frau: »Hier, zehn Stück! Bei Quasimodo!« Ich stieg die Treppen hoch und sah mich Frau Quasimodo gegenüber, tatsächlich, sie hatte einen Buckel, und ein Auge saß etwas tiefer. Es war ihr Spitzname, an der Schelle stand »Faszanatas«. »Ach, Sie heißen ja genauso wie ich!« entfuhr es meinen Lippen. Die Frau schaute mich mit großen Augen an, antwortete aber nicht, sie nahm die Eier, warf mir hundertvierzig Pesetas hin, und dann schlug sie die Tür zu.
Eiermann. So kam ich unter Leute. Ich war alt geworden, und das Heiratsschwindeln hatte plötzlich aufgehört. Ich hatte Gefallen an meiner neuen Identität. Mein kleiner Lieferwagen war hellblau und trug den Schriftzug »Huevos de la casa«. Eigene Idee. Ich kaufte Eier direkt beim Bauern zum Großhandelspreis und fuhr damit in die Städte, um sie an der Tür zu verkaufen. Mal was anderes, dachte ich. Die zufriedenen Kunden machten mir Mut.
Das Heiratsschwindeln hatte ich aufgegeben, weil ich bei der ganzen Lebensweise am Ende der Leidtragende war. Die Bude ging in Flammen auf, weil jemand in der zweiten Etage aus Unachtsamkeit eine Explosion herbeigeführt hatte, die das gesamte Haus und auch umliegende Häuserteile zerstörte, zum Glück war ich nicht zu Hause. Jetzt hatte ich ein neues Zuhause. Ich schlief im Eierwagen. In Spanien ist

es ja warm. Nur im Winter muß ich mir was besorgen. Ich war nebenbei als Hausmeister in einem Tierheim tätig. Da konnte ich mir neben den Käfigen im Winter einen Platz zurechtmachen. Mit den Tieren verstand ich mich gut. Es sind ja auch nur Leute, sagte ich immer zu mir.
Die Menschen in der Stadt sah ich jetzt mit anderen Augen. Irgend etwas war in mir passiert, ich hatte mich verändert. Auch saß ich jetzt manchmal in der Altentagesstätte herum, trank dort Kaffee Hag. Unterhielt mich mit alten Damen über ihre Jugend. Natürlich kam manchmal der alte Heiratsschwindler durch, nur so zum Spiel. Die alten Damen fanden das lustig und fühlten sich sehr geehrt, wenn ich meine Sprüche loswurde. »Hey, haben wir uns nicht schon einmal gesehen? Sie sehen aber gut aus, ich möchte Sie zum Kaffee einladen!« »Ja, Kaffee Hag!« Dann schenkte ich den Kaffee ein, und es wurde auch schon mal geschmust. Auch hier wieder kein Sex. Ich vergaß manchmal, wer ich war. Wenn mich eine der alten Damen nach meinem Namen fragte, antwortete ich mit »Weiß ich nicht«. Dann lachten sie. Ich konnte beim besten Willen meinen Namen auch nicht mehr schreiben. Ein Arzt sagt mir, ich würde an Altersstarrsinn leiden.

Die Karriere als Eiermann lag nun schon lange hinter mir, trotzdem rief ich morgens, wenn ich im Altenheim aufwachte, laut: »Eiermann!« Die Operation an der Hüfte war für mich der Einstieg ins nächste Leben. Endlich wieder aktiv sein. Im Altenheim ist es manchmal so langweilig. Die Frisur sitzt nicht mehr so. Meine Haare fallen aus. Ich bekomme Flecken im Gesicht und auf der Schulter, auch an den Unterarmen.
Fußball spielen mit dem Enkel, was, ich habe einen Enkel? Mein Sohn, den ich neulich erst kennenlernte, hatte be-

reits Familie und hatte es zu etwas gebracht. Von meinem Leben als Heiratsschwindler wußte er nichts. Dieses Buch wird es ihm verraten.

Der Himmel ist blau über dem Meer. Eine leichte Brise steigt über die Anhöhen bis nach Perpignan an der französischen Grenze. Seit der Olympiade in Barcelona hat sich so viel verändert hier. Die Stadt ist sauberer geworden, was nicht heißt, daß das besser wäre. Diese Stadt ist und bleibt die schönste Stadt der Welt für mich. Sogar hier im Altenheim habe ich das Gefühl, Teil einer Welt zu sein, die nur hier existiert. Ich schaue über die schaumbedeckten Kronen der Wellen des Mittelmeeres bis nach Mallorca, wenn schönes Wetter ist. Und wenn ich runter auf die Straße schaue, sehe ich immer auch die hübschen Mädchen mit ihren bunten Taschen, und ich sehe ihnen lange nach und weiß gar nicht, wie ich heiße. Heiße ich Rodriguez? Oder Hernandes? Oder Diego? Oder ... mir fällt nichts mehr ein.

Die Schwester bring mir heißen Tee. Es ist mein Lieblingstee, Apfel.

»Herr Doktor, ihr Tee!«

Ich scheine Arzt oder so etwas zu sein. Wo ist meine Praxis? »Schwester, wo ist die Patientin?«

Sie schaut mich an und lächelt. »Herr Doktor, Sie haben heute frei!«

»Ach ja, wollen wir tanzen gehen?«

»Ich bin noch nicht soweit, wir müssen das verschieben, Herr Doktor!«

Enttäuscht wende ich mich ab. Eine schöne Frau. Schwester ... ich habe ihren Namen vergessen. Die Haare, ich muß die Haare machen lassen. Ich schleppe mich zum Friseur in der dritten Etage des Krankenhauses. Mitten im Raum, wo die Shampoos und Haarfestiger in einem Regal auf Käufer warten, breche ich zusammen. Tot ...

So genau würde mein Ende aussehen, wenn ich nicht vorgesorgt hätte. Ich werde in kein Altersheim gehen! Ich will zu Hause sterben. In meinem hellblauen Eierwagen. Als Nachtwächter kann ich meinen Hund Jerry zur Arbeit mitnehmen. Ja, ich bin jetzt Nachtwächter bei einer großen Firma, die Stahl bearbeitet. Mit Jerry gehe ich nachts durch die Anlagen. Ich kann nachts nicht schlafen, wegen meinem Gewissen, deshalb ist der Job wie geschaffen für mich. Kein Mensch weiß von meiner Existenz, ich hole meinen Lohn immer am Ende der Woche in einer Tüte ab, ich arbeite schwarz. Mein Name ist aus der Einwohnerliste von Barcelona ausgelöscht worden. Ich existiere praktisch gar nicht.

Das ist gut so, denn vor einiger Zeit tauchte ein Mann auf, der sich als mein Sohn ausgab und der sich sehr für meinen finanziellen Hintergrund interessierte. Was tun? Um den nun schon zu einer Riesensumme aufgelaufenen Alimentenzahlungen zu entgehen, täuschte ich meinen eigenen Tod vor. Ich engagierte einen Mann aus Chinatown, der mich mit dem Auto vor den Augen meines »Sohnes« – ich weiß ja gar nicht, ob das überhaupt stimmt – über den Haufen fahren solle. Es klappte ausgezeichnet, der Leichenwagen kam sofort, auch von mir bezahlt, und ich wurde nach ein paar Tagen eingeäschert. Durch das kleine Fenster der Friedhofskapelle sah ich sie dann sitzen, meinen Sohn, seine Mutter, ach Gott, kommt die mir bekannt vor, und die Enkelkinder. Sie sahen sehr erlöst aus, weil ich tot war. Daß bei mir nichts zu erben war, wußten sie noch nicht. Also tauchte ich unter. Tagsüber versteckte ich mich in meiner neuen Wohnung, nachts, wie gesagt, mimte ich den Nachtwächter.

XXI

Wie mein Leben weitergehen soll – es ist mir egal, ich habe genug tolle Sachen erlebt, um auf eine interessante Laufbahn zurückblicken zu können. Das gibt mir an manchen Tagen Auftrieb, und ich will wieder losschlagen. Ich denke, keine ist wirklich vor mir sicher. Mittlerweile werde ich weltweit von Männern kopiert, die jedoch noch lange nicht die Raffinesse meiner Handwerkskunst erreicht haben. Man muß zu so etwas geboren sein. Allein die Musikalität, die diesen Beruf ausmacht, ist nicht erlernbar. Ich hatte eben Glück. Bis auf die wenigen Ausfälle kann ich sagen, mein Fleiß war für mich die Basis für ein ausschweifendes Leben voller Abenteuer. Um nicht der puren Koketterie zu verfallen, habe ich mein Leben in diesen Aufzeichnungen mehr oder weniger sehr nüchtern dargestellt. Der Leser wird mir verzeihen, wenn ich nicht immer detailliert über die Einzelheiten berichtet habe, ich denke, ein flüchtiger Abriß dieses bewegten Lebens ist immer noch detailliert genug, niemand sollte den Fehler begehen, es mir nachzumachen. Ich warne alle, die sich für den Beruf des Heiratsschwindlers entscheiden wollen, sich gerade dieses Buch zum Ideal hinzustellen.

Man bedenke, allein meine Herkunft und meine Gene sind eben nur für mich bestimmt gewesen. Kein Mensch ist Massenware. Wir liegen nicht im Supermarkt im Regal und warten darauf, daß das Verfallsdatum anbricht. Jeder einzelne von uns, jede einzelne von uns ist Spezialanfertigung. Wenn man das weiß, kann man sicherlich in meinem Beruf bestehen. Ansonsten wird es kläglich in der Einsamkeit enden. Ich bin nicht einsam geworden, habe immer noch die alten Freunde, es sind nicht viele, aber sie sind. Da kommt Airton, ich hatte ihn noch nicht vorgestellt, glaub ich.

»Hallo, Airton! Hier, ich sitze hier!«

Er kam mich in dem Eiscafé, wo ich tagtäglich meine Zeit totschlage, besuchen.

»Was machst du denn da, Diego! Schreibst du ein Buch?«

»Genau, Airton, ein Buch.«

»Was ist es denn diesmal?«

»Geheim.«

Ich schlug die Seiten zu und ließ ihn nicht lesen. Er bestellte sich ein Eis mit Sahne, Caramel, Nuß, Straciatella. Wir saßen noch lange, bis zum Sonnenuntergang, in der kleinen Eisdiele und fachsimpelten. Auch er war Heiratsschwindler, und keiner von uns wußte, ob er es doch nicht noch einmal versuchen sollte. Eine brünette, gutgekleidete Frau ging vorüber. Ich überließ dem jüngeren Airton den Fall. Er pfiff, wie die Italiener das machen, sie drehte sich geschmeichelt um, dann rief er mir noch zu, ich könne ja sein Eis vorstrecken, das Geld gibt er mir nachher. Ja, falls wir uns wiedertreffen. Wer weiß, die Wege der Menschen kreuzten sich auf märchenhafte Weise des öfteren, aber manchmal nie wieder.

XXII

»Jerry, Platz!!!« Der Schäferhund wollte einen der Kellner ins Bein beißen. »Hören Sie, Sie müssen ihn einschläfern lassen! Der ist ja bissig!« Lokalverbot. Nach so langer Zeit. Vielleicht hatten sie das schon lange vor. Die Italiener sind anders als der Spanier. So eine Scheiße, wo soll ich denn jetzt mein Eis essen gehen?

Ich fand auf der anderen Seite der City eine neue Eisdiele, wo viele Jugendliche rumlungerten, die nach der Schule hier Kaffee trinken und nichts tun. Da paßte ich ganz gut rein. Die Jungs und Mädchen waren immer sehr zuvorkommend zu mir, wenn die wüßten, wer ich war. Ich erzählte ihnen, ich wäre Ballettlehrer. Das machte mich interessant in deren Augen.

Im Eiscafé

XXIII

Die langen Abende, ich konnte manchmal nicht mehr durchatmen; die vielen Zigaretten – ich drehte wieder selbst aus den zerdrückten Zigarettenkippenresten in dem kleinen Café. Ich rauchte eine nach der anderen. Wahrscheinlich Langeweile. Das Husten unterdrückte ich. Wenn mir die Leute an meinem Tisch zu nahe kamen – sie setzten sich oft ganz an meinen Tisch ran –, bekam ich Platzangst, etwas, was ich noch nicht kannte. Aber das Leben hält viele Neuigkeiten bis zum Schluß zurück.
Die vielen Dohlen auf den Dächern um die Altstadt herum, ich schaute ihnen den ganzen Tag hinterher, wenn sie Richtung Meer abflogen. Wenn ich ein Vöglein wär, oh wie wäre das schön. So schön. Fliegen. In der Gruppe. In einer Gruppe von Dohlen, als einziger Mensch. Mit den Armen flattern, die Welt wird kleiner und kleiner, wenn ich hinabblicke, der Sonne entgegen, mich mit den Winden fallen und treiben und steigen lassen, höchst unwahrscheinlich, diese Vorstellung. Das macht der viele Kaffee. Das italienische Eiscafé wird von einem amerikanischen Unternehmer betrieben. Der ganze Kaffee kommt aus Amerika. Das Eis aus Deutschland. Aber es ist italienisch. Kapier ich nicht.
Egal. Da kommt wieder eine Gruppe von Leuten, und sie setzen sich, schnattern munter drauflos. Ich bekomme mit, daß es sich um Holländer handelt, sie suchen einen Gitarrenladen und fragen mich, ob ich wüßte, wo einer ist. Ich

kann sie kaum verstehen, doch ich erkläre ihnen den Weg zu den Ramblas, zu dem kleinen Gitarrengeschäft. Nachher, wenn die Gruppe weg ist, gehe ich dorthin. Ich kenne den Besitzer. Er spielt mir etwas auf einer seiner Gitarren vor, ein Präludium von Bach. In der spanischen Art.
Da manche Dinge, die hier in dieser Erzählung vorkommen, etwas geschönt sind, gewissermaßen auch erdacht, möchte ich jetzt gerade diese Episode in dem Gitarrenladen einmal kurz erklären: Sie ist erfunden. Sie soll das Buch abrunden, weil sie ja schon am Anfang auftauchte. Ohne meine Fähigkeit, Geschichten zu erfinden, wäre ich nicht so erfolgreich als Heiratsschwindler gewesen. Doch ist das ganze Leben nicht eine Erfindung? Eine moderne Erfindung eines ultramodernen Modeschöpfers, der sich einen Spaß daraus macht, uns zum Narren zu halten? Die Mode ist unsere Richtlinie.

XXIV

Der Hafen von Barcelona liegt im gleißenden Sonnenlicht, die Abendsonne. Schiffe werfen schon Schatten auf das Meer. Die Touristen betreten das Deck der Fähre. Ich steh neben dem Kapitän und schaue aufs offene Meer hinaus. Kleine Fische schießen an die Wasseroberfläche und tauchen wieder herunter. Die Fähre hat losgelegt. Sie fährt genau in die untergehende Sonne hinein. Die Sonne umgibt uns. Wir gleiten in eine andere Dimension. Ich sehe, wie der Kapitän das Steuerrad an mich übergibt. Ich übernehme. Ich fahre Slalom auf dem Meer. Die Passagiere sind zufrieden, dann wird es dunkel, und der Himmel ist weg. Keine Sterne. Nur schwarz. Ohnmacht. So stelle ich mir den Tod vor. Genau so. Es wird anders. Wenn ich diese Zeilen schreibe, geht es mir bereits schlecht, ich zittere, und die Schreibmaschine geht unhörbar über die Seite Papier, ich sehe auch nichts mehr richtig, die Haare, weg. Glatze.
»Her mit dem Tod!«

Epilog

Die Aufzeichnungen des Rodriguez Faszanatas wurden neben seiner Leiche in einem kleinen Eiscafé in der Weststadt von Barcelona gefunden. Wir bedanken uns bei dem Institute of People, New York, und der Universität von Massassuchets, bei seiner Stiefschwester Farfalle de la Cruz, deren Auftauchen für uns eine Bereicherung war, sowie ganz herzlich bei Airton X, der uns zusätzlich auch noch etliche Zeichnungen von Rodriguez Faszanatas alias Diego alias Hernandes Arrabal zugänglich machen konnte. Der Fall Faszanatas wird noch jahrelang die Gerichte Spaniens und auch anderer Länder der EU beschäftigen.

»Haben wir uns nicht schon einmal gesehen?«

»Sie sehen wunderbar aus.«

»Mögen Sie Mozart?«

Für einen Satz auf Seite 48, der aus dem Roman »Der Schakal« stammt, bedanke ich mich in aller Form bei Frederick Forsythe.